mônica

A MULHER À FRENTE DA PERSONAGEM

MÔNICA S. E SOUSA

mônica

A MULHER À FRENTE DA PERSONAGEM

1ª edição

EDITORA RECORD
RIO DE JANEIRO • SÃO PAULO
2024

Às mulheres da nossa família e ao meu pai, que me aceitou como eu sou.

Para todas as Mônicas do Brasil, tendo o nome "Mônica" na certidão ou não. Vocês são as verdadeiras donas da rua.

SUMÁRIO

DO JEITINHO DELA, POR MAURICIO DE SOUSA — 9

SOU A MÔNICA — 13

MEUS LAÇOS — 17

MINHAS LIÇÕES — 31

MÔNICA JOVEM — 55

A MULHER À FRENTE DA PERSONAGEM — 73

MÔNICA POR OUTROS OLHOS — 131

AGRADECIMENTOS — 142

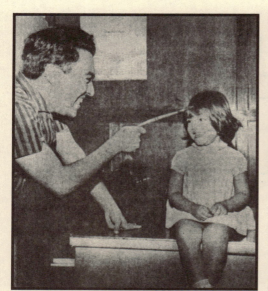

DO JEITINHO DELA

Mauricio

Ao longo de tantos anos de carreira, é impossível contabilizar quantos prefácios ou textos de apresentação escrevi. Mas posso afirmar que este foi o mais difícil de colocar no papel. Porque não é para validar uma obra. É sobre um pedaço de mim. É a respeito de um dos amores da minha vida, a Mônica.

E não estou falando da personagem mais famosa dos quadrinhos brasileiros, e sim da minha filha Mônica Spada e Sousa, a inspiração para sua xará famosa dos gibis.

Quando ela nasceu, no dia 28 de setembro de 1960, na cidade de Bauru, no interior de São Paulo, eu não estava presente. Naqueles duros tempos iniciais de buscar formas para sobreviver de quadrinhos, fui ao Rio de Janeiro oferecer meus trabalhos para as editoras de lá, que eram as maiores do mercado na época.

Depois de receber diversos "nãos", acabei encontrando com o Ziraldo, que anos depois se tornaria um irmão querido. Naqueles tempos, ele fazia a revista do Pererê para a editora O Cruzeiro e pediu que eu desenhasse três tiras do personagem, para tentar emplacar nos jornais do grupo Diários Associados.

Prolonguei um pouco a estada no Rio, entreguei as tiras e voltei o mais rápido que pude, mas a Mônica resolveu não me esperar. Bem do jeitinho dela, escolheu o seu momento. E não podia ser diferente. Quando cheguei, lá estava minha segunda filha nos braços da mãe Marilene.

Ou seja, a parceria com o Ziraldo não aconteceu, ninguém sabe onde foram parar as tiras que fiz, minha família aumentou e a vida mudou para sempre.

Conhecendo tão bem a trajetória da Mônica, fico pensando com meus botões: logo na sua chegada ao mundo, ela já estava me dando sinais da menina e mulher que se tornaria.

Em 1963, quando as coisas começaram a melhorar um pouco financeiramente e me questionaram por que não havia personagens femininas nas minhas tiras, foi a Mônica a minha escolhida para começar: a baixinha, gorduchinha e invocada que carregava pela casa um coelho amarelo de palha que era quase maior que ela.

O resto, como dizem, é história.

Mas poucos conhecem as histórias por trás da história, que lerão neste livro. Como eu trabalhava demais, perdi muito da infância das minhas três primeiras filhas. Agora, imagine quando a Mônica soube, pelos amigos da escola, que a personagem das minhas tiras, inspirada nela, era famosa e entregava algumas de suas características, como ser, digamos, "um pouco" brava. Assim que me encontrou em casa, veio me questionar. E estava nervosinha, claro!

Não havia como negar. E, achando graça daquela situação, lá fui eu explicar.

Com todo o carinho, contei que eu exagerava um pouco na Mônica dos quadrinhos, como na força descomunal, por exemplo. E a minha Mônica verdadeira, então com 7 ou 8 anos, ouviu atentamente.

Foi uma conversa séria diferente entre pai e filha.

No entanto, a partir dali, não tinha mais jeito: eternamente haveria ligações, interseções e comparações entre as duas Mônicas.

E isso traz o bônus e o ônus. Com certeza, não foi fácil para minha filha ter a sua vida atrelada, desde criança, a um dos principais ícones da cultura pop do país. Mas, assim como nos quadrinhos, a principal força da Mônica nunca esteve nos músculos. O seu grande "poder" está na capacidade de superar dificuldades, de incentivar as pessoas à sua volta, de buscar caminhos, de não deixar ninguém desistir.

Como qualquer pessoa, a Mônica teve uma trajetória repleta de problemas, soluções, erros, acertos, derrotas e vitórias. E se tornou uma profissional valorosa, uma mãe dedicada e, principalmente, uma grande mulher. E não precisou girar seu coelho — real ou imaginário — para isso.

Então, neste ponto peço licença a você que está lendo este texto para mudar o rumo da prosa, como dizíamos lá na roça, e me dirigir à minha filha.

Mônica, se lá em 1963 você foi a minha inspiração para a personagem dos quadrinhos, tenho certeza de que a Mônica dos gibis adoraria ser como você quando crescer. E não só ela, mas também milhares e milhares de meninas mundo afora.

Obrigado por tanto.

Com amor, do seu pai.
Mauricio

EU AOS 6 MESES DE IDADE.

EU E A CACHORRINHA PAICA, AOS 8 ANOS, NO BROOKLIN, SÃO PAULO.

MINHA SALA NO PRÉDIO DA MAURICIO DE SOUSA PRODUÇÕES, QUANDO FICAVA NA RUA DO CURTUME, EM SÃO PAULO.

SOU A MÔNICA

Há mais de sessenta anos, meu pai se inspirou em mim para criar a Mônica dos quadrinhos, que se tornou amiga de infância de tantos brasileiros e que você conhece muito bem.

Apesar de eu a ter inspirado — e, acredite, quando criança, nem sempre foi fácil ter uma xará tão famosa —, com o tempo, ela passou a me inspirar também, assim como continua inspirando milhões de meninas e mulheres no Brasil e no mundo. A Mônica que você conhece das histórias não sou eu, mas um pedacinho meu, uma parte que saiu de mim quando eu tinha 3 anos e que ficou imortalizada na personagem mais amada deste país.

Eu me vejo um pouco naquelas primeiras histórias, também me identifico com o senso de justiça da personagem, a forma como ela se impõe, sua coragem e bravura; mas aquela Mônica seguiu um caminho próprio. Ela foi e ainda é precursora em muitas frentes, conquistou o coração de várias gerações, protagonizou inúmeras histórias e é acompanhada de uma turma enorme e diversa, que vem ensinando muito a milhões de brasileiros.

Já eu sou a Mônica Spada e Sousa, filha do Mauricio e da Marilene, mãe da Maria Carolina e do Marcos, avó de outro Marcos e da Maria Laura e também executiva.

E, nestas páginas, é a minha história que você vai conhecer.

ACIMA, AOS 4 ANOS, EM MOGI DAS CRUZES – SP. ABAIXO, COM MINHA FILHA CAROL E O SANSÃO. A ILUSTRAÇÃO À DIREITA FOI CAPA DA REVISTINHA "MELHORES HISTÓRIAS DA MÔNICA", EM COMEMORAÇÃO AOS 60 ANOS DA PERSONAGEM MÔNICA.

NO TOPO, À ESQUERDA, ESTOU, AOS 4 MESES, NO COLO DE MINHA MÃE, MARILENE, EM MOGI DAS CRUZES - SP. À DIREITA, EU E MEUS NETOS, MARCOS E MARIA LAURA. ABAIXO, MEU PAI COM OS DEZ FILHOS REUNIDOS, DA ESQUERDA PARA A DIREITA, AO FUNDO: VALÉRIA, MARIANGELA, MAURICIO SPADA, MEU PAI, MAGALI, MARINA, VANDA. À FRENTE: MARCELO, MAURO, MAURÍCIO TAKEDA E EU.

MARIANGELA, MINHA MÃE E EU AOS 6 MESES, EM SÃO VICENTE - SP.

À ESQUERDA, MINHA MÃE, GRÁVIDA DA MAGALI, COM MARIANGELA, MEU PAI E EU, EM MOGI DAS CRUZES - SP. À DIREITA, MAGALI, MARIANGELA, MINHA MÃE E EU, NA CAPITAL DE SÃO PAULO.

MEUS LAÇOS

Tudo começou com um vestido vermelho, uma ilustração remunerada e duas doses de coragem e determinação. Quem poderia imaginar que um simples vestido traria à tona um segredo capaz de mudar o rumo da nossa história? Se minha mãe não tivesse usado vermelho em vez de preto no enterro do meu avô — em protesto contra o descaso com que muitas pessoas da cidade trataram seu pai por um bom tempo desde que ele sofrera um derrame —, uma conhecida da família não teria tido motivos para reclamar do vestido dela; isso não teria compelido minha mãe a botar para fora todo o incômodo que estava sentindo com a situação, em meio à dor de perder o pai a quem amava e de quem havia cuidado com toda a dedicação no período da doença; e uma vizinha não teria, diante disso, se indignado e exclamado, aos berros, na frente de todo mundo, algo bombástico: "Pois eu acho que eles já fizeram muito em te criar!"

Foi ali, naquele instante, que minha mãe descobriu um segredo de muitos anos: era filha adotiva. Ainda bem pequena, ela, Marilene, havia sido adotada por Jácomo Spada, meu avô, e Maria Spada, minha avó, que era uma conhecida de sua mãe biológica, na cidade de Jaboticabal, interior de São Paulo.

Se ela não tivesse se dado conta, no dia do enterro do pai, que sua decepção e sua dor não cabiam mais naquela cidadezinha, que aquele vestido vermelho marcava o início de outra fase da sua vida, poderia não ter decidido tentar a sorte na capital paulista.

MARILENE, MINHA MÃE, RECÉM-CASADA, EM POÇOS DE CALDAS - MG.

Desafiando todas as probabilidades — era uma jovem solteira e sem formação em plena década de 1950 —, assim que chegou à cidade de São Paulo, conseguiu trabalhos como modelo, tanto para desfilar como para fazer fotos para revistas.

Ficava linda nas páginas impressas — em geral, usando roupas pelas quais jamais poderia pagar —, mas, apesar de todo o glamour da carreira de modelo, Marilene gostava mesmo era de ficar do outro lado da câmera, então resolveu se dedicar à profissão de fotógrafa. E foi isso que a levou a uma cena dramática que teve como coadjuvante um certo Mauricio...

Da mesma forma, se uma mulher não tivesse contratado meu pai para fazer uma ilustração quando ele era bem garoto e ainda morava com os pais em Mogi das Cruzes e ele não tivesse começado a ganhar dinheiro regularmente com isso — o suficiente para, aos 15 anos, já conseguir ajudar o meu avô, Antônio Mauricio de Sousa, e minha avó, Petronilha Araújo de Sousa, a pagar as contas da casa —, poderia não ter decidido que, para fazer disso uma carreira, precisaria se mudar para a capital de São Paulo.

Meus avós paternos eram artistas, cada um a seu modo, mas ambos apaixonados por poesia. Meu avô era barbeiro e trabalhava informalmente escrevendo e desenhando para o jornal local; o que ele adorava fazer. Assim, durante a primeira infância, meu pai teve contato com os jornais e com a arte. E, desde pequeno, sempre desenhou muito bem.

Com suas ilustrações debaixo do braço, aos 19 anos, ele foi pedir trabalho nas redações de jornal e acabou conseguindo uma vaga como repórter policial na *Folha da Manhã* (que mais tarde, em 1960, seria fundida com a *Folha da Tarde* e a *Folha da Noite* em *Folha de S.Paulo*), trabalho para o qual lhe faltava vocação, apesar de escrever bem. Mauricio gostava mesmo era de desenhar, nada de decifrar e descrever os crimes, o que era muito comum nos jornais da época. Para completar, ele tinha — e tem até hoje — pavor de sangue.

Não tinha como dar certo naquela profissão, mas, para uma coisa o trabalho de repórter policial serviu: ele foi cobrir uma cena protagonizada por uma certa Marilene...

Tudo aconteceu no dia em que minha mãe estava fotografando uma criança em uma praça. De repente, a criança sumiu. Foi o início de uma grande confusão: minha mãe foi parar na delegacia, acusada de ter sequestrado a criança. Quando

MAURICIO COMO REPÓRTER POLICIAL NA *FOLHA DA MANHÃ*. ALÉM DO MEDO DE SANGUE, PRECISAVA LIDAR COM A TIMIDEZ. PASSOU A USAR, ENTÃO, UMA ROUPA QUE SIMULAVA UM DETETIVE NORTE-AMERICANO E INCORPORAVA O PERSONAGEM DICK TRACY.

MEUS PAIS, MAURICIO E MARILENE, EM LUA DE MEL. POÇOS DE CALDAS - MG.

meu pai chegou à delegacia para cobrir a pauta e se deparou com aquela fotógrafa linda, jovem, independente, sendo acusada de maneira injusta pelo sumiço de uma criança, ele se apaixonou na hora. Caso solucionado, meu pai voltou ao jornal no qual trabalhava e contou para quem quisesse ouvir: "Hoje, na delegacia, conheci a mulher da minha vida."

Eles adoravam nos contar essas histórias quando éramos bem pequenas; ficávamos ao redor deles, atentas, ouvindo. E nos diziam que foi assim que os dois se apaixonaram, à primeira vista.

Pouco tempo depois de terem se conhecido, começaram a namorar e logo se casaram.

O ano era 1958, e o casamento foi escondido, apenas no civil, porque nenhuma das duas famílias aprovava aquela união. Mas, quando a minha avó materna, católica e bastante conservadora, descobriu que os dois

CASAMENTO CIVIL DOS MEUS PAIS, EM 1958, NA CAPITAL DE SÃO PAULO.

não tinham realizado a cerimônia religiosa, resolveu dar um jeito na situação. E lá foram minha mãe e meu pai para a igreja, celebrar o matrimônio.

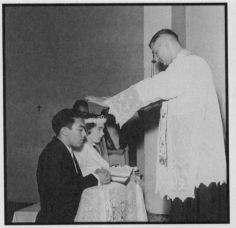 

CERIMÔNIA RELIGIOSA DO CASAMENTO DOS MEUS PAIS, EM 1958. BAURU - SP.

O INÍCIO DA TURMINHA

Quando nasceu a primeira filha, Mariangela, meu pai ainda trabalhava como repórter policial em São Paulo, mas já havia tido a oportunidade de publicar algumas das suas tirinhas. A primeira, publicada na *Folha da Tarde*, em 18 de julho de 1959, trazia o Bidu, inspirado no Cuíca, um cachorrinho vira-lata que ele tivera quando criança, e o Franjinha, personagem baseado no sobrinho da minha mãe, Carlos Ramires. Mais tarde, em 1960, surgiriam o Cebolinha e o Cascão, inspirados em amigos de infância do meu tio Márcio Araújo — ele próprio, depois, seria a inspiração para a criação do Rolo.

Hoje percebo que meus pais tão jovens, naquela época, já tinham muitas responsabilidades. Pouco depois do nascimento da Mariangela, meu

DETALHE DA PRIMEIRA TIRINHA PUBLICADA POR MAURICIO NA *FOLHA DA TARDE*, EM 1959, MOSTRANDO BIDU E FRANJINHA.

pai acabou se demitindo da *Folha de S.Paulo*, e eles acharam melhor retornar a Bauru, que ficava a 320 quilômetros da capital. Mesmo sendo uma distância de mais de cinco horas de viagem de carro, meu pai entendeu que lá a vida seria mais barata e eles estariam mais perto da família da minha mãe. A vida no interior seria mais fácil naquele momento, com uma filha de colo e outra a caminho.

Essa filha a caminho era eu.

A MINHA CHEGADA

Foi em 28 de setembro de 1960, nos primeiros dias da primavera, sob o signo de Libra, que vim ao mundo. Nesse dia, meu pai estava no Rio de Janeiro, bem longe de Bauru, para conversar com o Ziraldo, que já era um importante cartunista e ilustrador, a fim de conseguir um trabalho e garantir uma renda. Distante de casa, ele mal sabia o risco que eu corria. Mas, como sou obstinada desde a barriga da minha mãe, nada me impediria de nascer.

Diferentemente de uma gravidez habitual, de trinta e oito a quarenta semanas, eu decidi ficar mais tempo na barriga da minha mãe. Ninguém tinha ainda o costume de marcar cesariana; a maioria das pessoas esperava o bebê estar "pronto" e a bolsa romper. O tempo já estava passando, e nada de a minha mãe começar a sentir as contrações. Nós duas corremos um perigo enorme naquele dia, e ela estava sem o marido ao lado, tendo de enfrentar um parto de alto risco.

No esforço para me salvar e garantir que eu e minha mãe não tivéssemos sequelas, os médicos amassaram um pouco meu rosto e entortaram minha orelha, o que fez com que eu nascesse roxinha e com a cabeça um pouco comprida. Cresci ouvindo que nasci feinha, o que virou brincadeira entre os familiares. Não existe registro algum da minha aparência naquele momento, mas o fato é que, apesar de todo o sufoco e a apreensão, fiz a minha entrada triunfal no mundo em segurança. Eu era uma sobrevivente.

Dias depois, quando meu pai voltou da viagem ao Rio de Janeiro, encontrou mais uma filha nascida. Fui registrada, então, com o nome que levo até hoje: Mônica Spada e Sousa, combinando o sobrenome da minha mãe com o do meu pai. Assim como tinha feito com a primogênita, meu pai preferiu não manter exatamente o seu *"de* Sousa", porque, afinal, ninguém é de ninguém; e a filha era dos dois. Ele alterou, assim, a estrutura do sobrenome, e todos nós, filhos de Marilene e Mauricio, fomos registrados como Spada *e* Sousa.

A escolha do nome Mônica foi inspirada em uma bela atriz italiana que tornou o nome famoso internacionalmente: Monica Vitti. Alta, magra e de olhos verdes, ela era uma musa do cinema nos anos 1950 e arrasava o coração de quem a via nas telas, inclusive o do meu pai.

Mas um fato curioso do nome é que, mais tarde, na década de 1970, depois que a primeira revista da Mônica foi lançada, ele virou febre no Brasil. A vida inteira escutei muitas meninas dizerem: "Eu me chamo Mônica por causa de você." No fundo, era por causa da personagem, mas, de qualquer modo, todo brasileiro tem na sua vida uma Mônica, seja ela mãe, filha, irmã, amiga, colega de trabalho, namorada ou esposa, muitas delas inspiradas na personagem que eu, involuntariamente, inspirei.

MINHA PRIMEIRA IDA À PRAIA, AOS 6 MESES, EM SÃO VICENTE - SP, COM MINHA MÃE.

A FILHA DO MEIO

Pouco depois que nasci, a minha mãe engravidou de novo. Com duas filhas para criar e uma terceira a caminho, meus pais resolveram se mudar mais uma vez. Decidiram então que morar mais próximo da família do meu pai poderia ajudar na criação daquele tanto de filhas. Assim, duríssimos, sem dinheiro algum sobrando, lá fomos nós todos morar em Mogi das Cruzes, mais perto, a 48 quilômetros de São Paulo.

Quando eu tinha apenas um ano e uma semana de vida, nasceu a caçulinha das três irmãs, Magali. (A propósito, mais uma filha cujo nome era iniciado pela letra M, porque meu pai queria que os nomes dos filhos combinassem com os dos pais.)

Logo caímos de amores por aquela menininha que adorava comer. Ela também se tornaria minha melhor amiga pelo resto da vida. Enquanto meu pai babava pela manhosa Mariangela, que era primogênita como ele, minha mãe acabava passando bastante tempo grudada com a Magali, que era mais frágil e ficava doente com frequência. Eu, então a filha do meio, aprendi desde cedo a gostar da autonomia e acabei ocupando o papel da filha mais independente. Era exatamente nisso que o meu pai acabaria se inspirando.

MEU PAI COM MARIANGELA NO COLO E MINHA MÃE ME SEGURANDO, EM MOGI DAS CRUZES - SP.

A INSPIRAÇÃO

Os tempos seguiam difíceis em casa em termos financeiros. Apesar disso, meu pai continuava sendo um grande sonhador. Até aquele momento, escrevia e desenhava histórias do Franjinha, do Bidu, do Cebolinha e do Cascão. Um dia, porém, foi questionado sobre o porquê de não haver meninas nos seus quadrinhos, e até chegaram a perguntar se ele era misógino. Depois de procurar no dicionário o significado da palavra e acreditar que não se encaixava na definição, parou para refletir sobre o motivo de até então só ter criado personagens que eram meninos. A conclusão a que chegou foi que suas tirinhas eram baseadas sobretudo em memórias da própria infância, e ele não sabia muito bem como uma menina pensava e poderia agir. Mas, com três filhas em casa, a resposta para as suas perguntas estava bem ali.

Meu pai passou um ano nos observando e testando diferentes personagens. Eu era a mais esquentadinha e a rainha do "não". Quando cismava que não queria fazer alguma coisa, batia o pé. E vivia carregando para lá e para cá um coelhinho de palha duro e meio amarelado que meu pai tinha comprado numa feira em Mogi das Cruzes e me dado de presente.

Até que um dia me viu correndo de um lado para o outro com o coelhinho nas mãos, brigando com minhas irmãs, e teve a ideia que mudaria nossa vida para sempre.

No dia 3 de março de 1963, a Mônica apareceu pela primeira vez em uma tirinha do Cebolinha. E a garota já vinha com tudo: quando ele a mandava sair da "flente", a Mônica não pensava duas vezes e lhe tascava uma boa coelhada, deixando o amigo tonto por ter apanhado ali, no meio-fio. O texto das tirinhas, na época, era voltado para adultos; só mais tarde, por sugestão dos leitores, passaria a ser destinado ao público infantil.

De início, a personagem usava sapatos, vestido com bolsinhos e tinha cabelo curto, como o meu, e espetado.

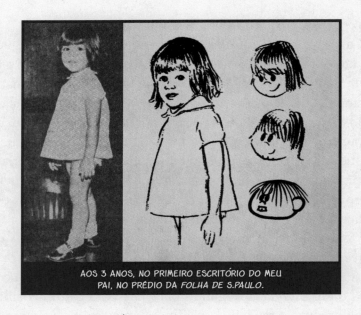

AOS 3 ANOS, NO PRIMEIRO ESCRITÓRIO DO MEU PAI, NO PRÉDIO DA FOLHA DE S.PAULO.

Meu cabelo curto daquela época foi fruto de uma arte da Mariangela. Em uma brincadeira, enquanto estávamos no salão de beleza da vila onde morávamos, ela resolveu cortar o meu cabelo (e depois eu soube que ela cortou até o pelo do cachorro de uma vizinha). Minha mãe até tentou arrumar o corte, mas continuou irregular, picotado e bem curtinho.

Apesar de a tirinha ser em preto e branco, o coelhinho original era amarelo e sem nome, inspirado em um brinquedo que eu tinha ganhado do meu pai. Pouco depois, ganhou a cor azul, e só duas décadas depois, em um concurso com os leitores, recebeu o nome Sansão. Alguns traços da aparência da personagem também podem ter mudado ao longo das décadas, mas certas características sempre estiveram presentes: a menina era forte, briguenta e carregava seu coelhinho de pelúcia para todo lado.

Talvez por ostentar, desde muito pequena, a personalidade mais forte entre as três primeiras irmãs, eu tenha fornecido ao meu pai um material mais criativo e divertido para que ele pudesse dar vida a uma personagem tão icônica. Mas eu não fui sua única fonte de inspiração.

A história da família do meu pai, que é também a minha, remete a uma linhagem matriarcal. Minha família paterna era composta por muitas mulheres fortes e cheias de atitude que acabaram contribuindo para a composição da Mônica das tirinhas. Todas as mulheres que faziam parte da vida do Mauricio eram poderosas, intensas e lutavam pelo que queriam. A mãe dele, minha avó Petronilha, acabou engravidando antes de se casar com meu avô, Antônio Mauricio de Sousa, e os dois decidiram sair da cidade onde moravam, Mogi das Cruzes, por um tempo, a fim de ficar longe de suas famílias até meu pai nascer. Uma reação que demonstra muita força, sobretudo para a época.

Mesmo anos mais tarde, ela nunca foi o tipo de avó que a gente idealiza, de fazer bolo e cuidar das crianças; ao contrário, ela deixava bem claro que não ia ficar com os netos, porque tinha que trabalhar. Ela gostava de passear, era muito vaidosa e adorava quando a chamávamos de tia — e não de vó —, pois assim parecia que era mais jovem. Nós, já sabendo disso, sempre que queríamos agradar e tirar proveito de alguma situação, trocávamos o "vó" pelo "tia" — ela dava um sorriso de canto de boca e todo mundo ficava feliz. Eu já tinha nascido quando minha avó começou a trabalhar como enfermeira para garantir seu sustento; ao longo da minha infância, era ela quem aplicava as vacinas no meu braço.

Com uma avó com tanta personalidade, quem acabou fazendo o papel da avó acolhedora foi minha bisavó Dita — mãe do meu avô Antônio e sogra de Petronilha —, com quem, durante boa parte da infância, nós todos passávamos os domingos, em Mogi das Cruzes. Chovesse ou fizesse sol, meu pai nos levava para lá para que pudésse-

COM MINHA BISAVÓ DITA, NA CASA DO BAIRRO SUMARÉ, EM SÃO PAULO.

mos passar um tempo com ela e comer o que até hoje considero o melhor feijão do mundo, que eu devorava puro quando ela cozinhava, direto da panela.

Mesmo essa minha bisavó cozinheira e doce, a "Vó Dita", era uma mulher bem diferente das outras do seu tempo: foi mãe sem contar com a presença do pai de seu filho. Ela havia engravidado de um importante comerciante da região, que não assumiu a criança. Acabou se casando mais tarde com um senhor bronco, um caminhoneiro, Toledo, que nos colocava medo dizendo que, se não nos comportássemos, seríamos levadas pelo homem do saco. Nunca gostei dessa maneira dele de agir, eu o achava assustador e grosseiro. Já a minha bisavó era não só a nossa paixão como também a do meu pai. Era dela que eu sempre ouvia: "Minha neta, não tenha filhos, seja esperta e, para evitar problemas, tome aquelas bolinhas..." (referindo-se à pílula anticoncepcional).

A Vó Dita, que, nos quadrinhos, virou a avó do Chico Bento, tinha um lado doce e amoroso, mas, anos antes, tinha sido intransigente ao saber que minha avó, sua nora, estava grávida. Falou para todo mundo que não queria ver a

MINHA BISAVÓ "VÓ DITA", AVÓ PETRONILHA, EU (AOS 9 ANOS), MARIANGELA E MAGALI, NA CASA DA VÓ DITA, EM MOGI DAS CRUZES - SP.

criança, mas foi só o bebê — o meu pai — aparecer para ela se apaixonar, tornando-se ele, e depois nós também, os queridinhos da Vó Dita.

Com todas essas referências femininas em nossa história familiar, a Mônica personagem não podia, então, nascer de outro jeito que não fosse subvertendo as dinâmicas de poder da época. Uma menina submissa aos mandos e desmandos dos meninos seria algo impossível de encaixar no roteiro da personagem.

Naquele momento, eu não fazia ideia da dimensão do que meu pai havia criado. Só bem mais tarde, com 7 ou 8 anos, já na escola, descobri a importância da minha xará dos quadrinhos. E essa história, com altos e baixos, faz parte das lições que aprendi e que ajudaram a fazer de mim quem sou hoje.

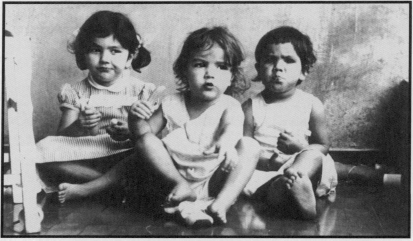

NO TOPO E NO CENTRO: ESTOU, AOS 3 ANOS, COM MINHAS IRMÃS MARIANGELA E MAGALI, EM MOGI DAS CRUZES. EMBAIXO: MAGALI E EU NO BROOKLIN, EM SÃO PAULO, AOS MEUS 11 ANOS.

MINHAS LIÇÕES

Quando a personagem inspirada em mim começou a ganhar fama, eu não tinha a menor ideia do que estava acontecendo. Isso ocorreu quando nossa família saiu de Mogi para morar na capital de São Paulo. Fomos viver em um apartamento bem pequeno, localizado no centro de São Paulo, que servia também de ateliê para o meu pai. Já éramos três filhas e dividíamos um quartinho nos fundos onde cabiam apenas duas camas. Isso era resolvido com um revezamento: duas dormiam na mesma cama e uma ficava na outra, sozinha, durante um período. Eu amava quando chegava a minha vez de ter a cama só para mim. O espaço diminuto fazia com que brincássemos sempre as três irmãs juntas. Também adorávamos aprontar, e é claro que nossas brincadeiras terminavam como os planos infalíveis do Cebolinha.

MAGALI, MARIANGELA E EU, AOS MEUS 4 ANOS, EM SÃO VICENTE - SP.

AS IRMÃS CAJAZEIRAS

Tínhamos, as três irmãs, idades bem próximas, então era muito comum brincarmos e aprontarmos juntas. O difícil era eu me entender com a Mariangela — vivíamos feito cão e gato e, apesar de ela ser a mais velha e ambas implicarmos uma com a outra, quem batia nela era eu. Todas as vezes, a briga começava do mesmo jeito: eu a chamava de peluda, dizia que o nome dela era feio, e a Mariangela começava a chorar. Não à toa, essa filha chorona tinha inspirado meu pai, em 1961, a criar a Maria Cebolinha. E, quando a minha irmã abria o berreiro, eu a provocava ainda mais. Por ela sempre ter sido a protegida do meu pai, o tempo fechava para o meu lado. Mas eu não desistia. Nunca desisti nem recuei. Assim, acabava que eu e a Magali passávamos a maior parte do tempo brincando, só nós duas.

Elas também não me poupavam, e a artilharia era pesada. A implicância da Mariangela comigo era bem parecida com as retratadas nas tirinhas: como eu era a mais gordinha das três e a mais baixinha, não havia trégua. Ela me chamava de gorducha o tempo todo, e usavam o xingamento que eu mais detestava: baixinha. Desde a infância, eu já era a pequena do trio das cajazeiras, o que me tirava — e tira, ainda hoje — do sério. Por isso, sei de cabeça que a Magali mede 1,67m e a Mariangela, 1,60m. Já eu estacionei no 1,52m (e, desde que comecei a usar salto, não parei mais).

Sobre as irmãs cajazeiras ou "cajás", esse foi um apelido que, mais tarde, nos anos 1970, ganhamos da minha mãe, mas é usado pelo meu pai até hoje. As irmãs cajazeiras eram personagens de uma novela muito famosa chamada *O bem-amado*, baseada no livro de Dias Gomes. Na história, eram três irmãs, Doroteia, Dulcineia e Judiceia, que estavam sempre juntas e viviam de fofoca. Naquele tempo, era comum que a família toda se reunisse na sala para assistir às novelas na TV. As irmãs cajazeiras eram tão conhecidas que essa expressão passou a ser muito usada. Como éramos exatamente três irmãs, o apelido pegou.

Apesar da forte ligação das cajazeiras, minha relação com a Magali era bem mais fácil que a minha relação com a Mariangela. E, quando eu e a Mariangela nos irritávamos uma com a outra, a Magali só observava de longe, sem nem se dar conta do que de fato estava acontecendo.

Desde aquela época, eu era bem competitiva, então uma vez apostei com a Mariangela que era capaz de comer um bombom inteirinho primeiro. Coloquei o doce todo na boca sem titubear, e o chocolate acabou entalado na minha garganta. O bombom não entrava nem saía de jeito nenhum, e meu rosto foi ficando roxo. Não houve outra solução senão correr para a nossa mãe que, enfiando o dedo na minha garganta, arrancou o doce. Além do susto e do machucado na boca pelo desespero da minha mãe em me salvar, acabei levando uma bela bronca.

Apesar do nosso apartamento minúsculo e das broncas que eu tomava por essas e outras brincadeiras, o fato de ter minha mãe, meu pai e minhas irmãs por perto era ótimo. Eu me sentia amada e bem-cuidada.

Três pranchetas de desenho ocupavam quase a sala inteira. Havia vários lápis pretos, nanquim, material para o meu pai trabalhar. Uma tentação para meninas como nós, até porque era proibido mexer naquele tesouro. Meu pai e outro colega passavam horas ali desenhando, e eu até os observava de longe enquanto trabalhavam, mas não sabia nada sobre a Mônica e suas histórias. E, como éramos crianças e não entendíamos muito as coisas, não ocorria a nenhuma de nós perguntar qual era a grande mudança pela qual a família estava passando que, de repente, nos deu dinheiro suficiente para nos mudarmos para uma casa no bairro do Butantã.

MEU BAIRRO DO LIMOEIRO

Sem que eu entendesse bem como se deu aquela ascensão, de repente passei a acordar em outra casa, bem maior, um sobrado onde cabiam três camas no quarto: a casa do Butantã. A rua ainda não era asfaltada, então quase não passava carro lá e podíamos brincar livremente.

O que sabíamos era que meu pai estava fazendo sucesso com as ilustrações que ele logo lançaria em uma coleção de livros infantis (entre eles, *A caixa da bondade*), e isso era mais que o suficiente para nossa alegria. Foram nossos anos mais felizes em família. Meu pai era bem presente e, juntos, ele e minha mãe gostavam de celebrar: faziam festas de aniversário com os amigos dos meus pais, alguns artistas como ele e também com alguns familiares. Meu pai tocava violão e acordeão; tinha cantoria, dança e muita animação. Nossos Natais eram mágicos! Minha mãe cozinhava para nós e caprichava nessas datas especiais — aliás, um hábito que herdei e preservo até hoje (mas só em ocasiões como Natal e Páscoa, porque em geral não gosto de cozinhar). Acordávamos no dia 25 de dezembro com nossos presentes, bonecas novinhas, nos pés das nossas camas, como se o Papai Noel tivesse deixado lá especialmente para nós. Uma felicidade! A presença do meu pai era tão cativante que, quando ele viajava a trabalho, sentíamos muito a falta dele. Quando ele voltou de sua primeira viagem ao exterior, nós todas fomos às lágrimas, tamanha a alegria. Lembro, inclusive, que ele me trouxe uma boneca que tinha uma capa de chuva; o cheiro da boneca me marcou tanto que sou capaz de senti-lo até hoje.

Só que um dia eu acordei no Butantã com minha mãe encaixotando tudo novamente. Meu pai estava vivendo um bom momento de sua carreira, mas, quando um pagamento pelo qual ele esperava não veio, as coisas acabaram se desestruturando. Nós perdemos a casa e tivemos de nos mudar. Mesmo eu sendo muito nova, a casa do Butantã já era a minha quarta morada. E muitas outras viriam.

Enquanto minha mãe cuidava da organização das caixas e malas, Magali e eu aprontamos mais uma: entramos no banheiro que estava repleto de frascos de remédios e experimentamos quase todos — os que eram doces, nós chupávamos; os de gosto amargo, nós cuspíamos. Terminada a brincadeira, decidimos contar para a minha mãe, que, claro, ficou desesperada e deu litros de leite e água para tomarmos, querendo evitar uma possível intoxicação.

Bem mais tarde, minha filha, aos 3 anos, acabaria fazendo o mesmo numa viagem a Ubatuba. Entrei numa crise de desespero e culpa. O pediatra riu e disse que, no máximo, ela teria uma dor de barriga. Eu me senti culpada do mesmo jeito que minha mãe se sentiu.

Enfim, acordei um dia em uma nova casa térrea e grande no Brooklin, também com um quarto só nosso. Havia um corredor enorme e várias árvores no quintal. O Limoeiro na minha vida e na das minhas irmãs foi, então, uma combinação de dois bairros: Butantã e Brooklin.

Pouco tempo depois, porém, meus pais se separariam e eu precisaria aprender a ficar, ao menos por um tempo, sem a presença diária de uma pessoa tão cheia de vida como ele. Eu era uma criança difícil, teimosa, cheia de opinião, e meu pai aceitava o meu jeito, assim como a personalidade de cada um dos filhos, sem querer nos modificar.

Os adultos daquela época não explicavam muita coisa às crianças, mas eu percebia, no período anterior à separação deles, que minha mãe estava triste.

A SEPARAÇÃO

O rompimento dos meus pais se deu quando eu tinha 5 anos. Mariangela tinha um ano a mais que eu; e a Magali, um a menos, então ainda éramos bem novinhas. Como meu pai seguia presente, fazendo visitas à nossa casa, eles decidiram que, por um tempo, não nos contariam que tinham se separado. Aliás, não contaram para ninguém. Mais tarde, entendi que essa atitude foi motivada pelo preconceito que os casais separados sofriam na época.

Assim, a explicação para meu pai estar ausente à noite era que ele estava trabalhando. Em um determinado momento, mesmo ainda pequenas, começamos a estranhar aquele comportamento atípico, então Magali e eu vivíamos perguntando se naquele trabalho tinha uma cama confortável para ele descansar; senão, seria melhor voltar para casa, mesmo que chegasse mais tarde.

Demorei a compreender o que estava acontecendo de fato. A dor de o meu pai não estar mais morando conosco era pesada demais. Talvez os pais em geral não tenham a dimensão de como isso se dá para os filhos. E eles nem sequer nos contaram, mas é claro que percebemos que meu pai não voltava mais para casa. Minha mãe foi forte e nos confortava como podia, fazendo o possível para tornar nossa casa um lugar gostoso e aconchegante; cuidava de tudo, preparava nossos pratos prediletos e nos deixava ter animais de estimação. A situação financeira nesse período era difícil, meus pais já tinham perdido a casa do Butantã e precisaram vender o carro. Apesar disso, algum tempo depois, minha mãe conseguiu comprar um calhambeque amarelo, sem banco traseiro e com uma buzina escandalosa — nós nos divertíamos muito com esse carro.

De alguma forma, as crianças sempre percebem que algo mudou em sua rotina, por mais que os pais tentem poupá-las do sofrimento. E a conta sempre chega. No dia em que tomei consciência de que a separação era um fato, doeu muito, foi um choque. Então comecei a ter um febrão que não diminuía de jeito nenhum, o que deixou a família inteira preocupada. Eu rezava todos os dias para que meus pais voltassem a ser casados. Chorei tudo o que consegui, fiquei arrasada, mas a situação já não tinha mais volta. A visão inocente sobre a vida com a qual estávamos acostumadas até então também não teria volta.

VIVENDO AS MUDANÇAS

Desde aquela época, todos os fins de semana — o que se estenderia até bem tarde, por volta dos meus 9 anos —, eu arrumava as malas (que não passavam de uma bolsa com meus brinquedos preferidos), porque estava decidida a ir morar com meu pai. Sentia falta da energia positiva que ele trazia para a casa e de como era alto-astral com as três filhas. Eu falava o que viesse à cabeça, sem muito filtro, era impulsiva e ficava muito brava quando me sentia frustrada. Naquela época, eu tinha a impressão de que meu pai me entendia e me aceitava mais como eu era, por isso vivia dizendo que ia morar com ele. Claro que aquilo era só impressão minha, devido ao fato de ele estar menos presente e, portanto, ter menos atrito comigo; era com a minha mãe que eu precisava lidar diariamente.

Para amenizar todo esse drama e tentar compensar o que era o momento mais difícil pelo qual tínhamos passado até então, meu pai, sempre que podia, ia nos visitar. Já minha mãe começou a afrouxar as regras e os limites. Passamos a ganhar tudo o que desejávamos e que estava ao alcance dela: no quintal de casa, tínhamos cachorro, gato, galinha e coelho. Até uma cabra eu cheguei a levar para casa. Foi aí que descobri que os animais eram a minha grande paixão.

AMOR PELOS ANIMAIS

Uma das relações de maior troca de afeto que tenho na minha vida é com os animais. Esse amor começou bem cedo e veio para ficar. Quem primeiro me acompanhou, na infância, foram dois filhotinhos de pequinês: a um deles dei o nome do cantor Ronnie Von, meu ídolo máximo na época; ao outro chamei de Tuco. Eram ambos filhos da cadela Paica, que era da minha mãe. Um dia, o Tuco fugiu e acabou virando notícia de jornal. Para me consolar, quando ele sumiu, ganhei uma tartaruga chamada Tatá e um peixinho de nome Lulu.

Apesar de nutrir um carinho profundo por todos os animais — com exceção de barata —, meu bichinho preferido é o porco; e não à toa tenho mais afinidade com o Chovinista que com o Monicão. A verdade é que sou completamente fascinada por porquinhos, e esse amor é de longa data.

ILUSTRAÇÃO FEITA PELO MEU PAI PARA REPRESENTAR A MINHA PAIXÃO POR PORQUINHOS.

NA ROÇA

Em algum momento da nossa infância, minha mãe decidiu se reconectar com sua mãe biológica. Depois de saber, no enterro do pai, que havia sido adotada, também descobriu que minha avó biológica, viúva e em situação de pobreza, não vira alternativa e por isso deixou os filhos com outras pessoas, para que os criassem. Quando minha mãe conseguiu encontrá-la, as duas acabaram se reaproximando, e passamos muitas das nossas férias na casa dessa minha avó.

Ela morava em Jaboticabal, no interior de São Paulo. O terreno onde ficava a casa era grande (ou eu que era pequena), mas a construção era bem simples; havia apenas um quarto, a sala e a cozinha. Não havia nem banheiro dentro da casa, então, se quiséssemos fazer xixi de madrugada, tínhamos de usar o penico mesmo, porque minha mãe não nos deixava usar o banheiro do lado de fora.

Mesmo sendo uma casa pequena — tanto que dormíamos todas as irmãs na mesma cama —, passei momentos muito felizes lá. Essa era a mais amorosa das minhas três avós. Ela adorava preparar um quitute feito de uma mistura de farinha e açúcar, cozido no fogão a lenha, para nosso café da manhã.

As férias que passamos na casa dela me ensinaram que a felicidade pode ser bem modesta. Em poucos momentos da vida fui tão feliz quanto naquelas férias. Nós, crianças, adorávamos a casa e não tínhamos noção das dificuldades financeiras pelas quais a minha avó passava. Meus pais foram ajudando a melhorar a estrutura do imóvel, construindo banheiro, cozinha etc. Ainda que a minha avó não tivesse algo material com que nos presentear, o simples fato de estarmos ali com ela não tinha preço. E era muito bom estar na natureza, rodeada de um monte de animais.

Minha avó criava galinhas no quintal, além de uma porca que, quando íamos visitá-la, virava nossa companheira de brincadeiras. Ao mesmo tempo, morríamos de pena da porquinha, porque sabíamos que, em algum momento, ela viraria comida. Por causa do carinho que desenvolvi por esse animal, o sonho de ter um porquinho na infância virou uma paixão da vida inteira e, bem mais tarde, já adulta, eu passaria a colecionar porquinhos de vários materiais, do mundo todo, reunindo mais de mil em minha coleção.

MOMENTOS DE ALEGRIA

Apesar da dor da separação e do preconceito visível (por sermos filhas de pais separados) de muitos moradores do Brooklin, um bairro de classe média, tivemos momentos de grande alegria.

Nossa casa vivia cheia de gente, era frequentada por pessoas ligadas à arte; algo parecido com o que acontecia, anos antes, no lar da família do meu pai. E ser diversa e livre era algo que trazia muita felicidade para todas nós. Nossa casa era a única da vizinhança que recebia todo tipo de pessoas nas festas. Minha mãe tinha muitos amigos artistas, intelectuais, muitos deles LGBT+. Essa era a nossa vida nos dias úteis e nos fins de semana. Toda semana tinha uma festa com um tema diferente.

Lembro ainda que, em uma ocasião dessas, cansados de tanto dançar, os adultos acabaram tirando os sapatos e deixando-os num canto da sala. Foi o bastante para que eu e Magali inventássemos uma brincadeira: colocamos algumas coisas dentro dos sapatos deles e amarramos os tênis uns aos outros. Sempre encontrávamos uma oportunidade de fazer arte do jeito que só crianças fazem.

A DESCOBERTA DA FAMA DA OUTRA MÔNICA

A minha entrada no colégio se deu pouco depois que nos mudamos para a casa do Brooklin. Eu tinha 6 anos e estudava na parte da manhã. Comecei no pré-primário, mas a Magali acabou entrando mais tarde, pois não conseguia parar de chorar.

A cada dia, a personagem criada pelo meu pai fazia mais sucesso, porém levei alguns anos para saber da sua importância. Um dia, na escola, saindo de uma reunião de responsáveis, alguém abordou o meu pai e comentou com ele sobre a personagem e pediu um autógrafo. Foi então que me dei conta do tamanho do sucesso daquela Mônica inspirada em mim.

EU AOS 6 ANOS, NO PRÉ-PRIMÁRIO DO COLÉGIO EXTERNATO PEQUENÓPOLIS, EM SÃO PAULO.

Ainda assim, continuamos sem conversar muito sobre o assunto. Mas meu pai sempre fazia questão de enfatizar — não apenas para mim, mas também para a Magali: você não é a personagem, a personagem não é você. Ao mesmo tempo, ele começou a nos levar a entrevistas e programas de televisão quando era convidado. (Por mais que fosse uma oportunidade de estarmos juntos, não deixava de ser trabalho, e tínhamos de dividir a atenção dele com meio mundo.)

ENTREVISTA PARA A REVISTA *INTERVALO*, Nº 358, EM 1969.

Em uma dessas participações em programas de TV, houve um momento em que me diverti mais que em todos os outros: foi no antigo programa da Hebe, na TV Record, em meados dos anos 1960. As tirinhas já eram bem conhecidas, e meu pai foi convidado para falar sobre seu trabalho. O cenário estava todo decorado com ilustrações dele. Eu levava nos braços também um coelhinho de pelúcia. Desde então, eu já era quem sou: impetuosa, faladeira e sem-cerimônia. Estava sentada no célebre sofá da Hebe enquanto ela tentava puxar assunto comigo de todas as formas.

Meu pai tinha ensaiado comigo as respostas das possíveis perguntas que a Hebe faria, entre elas uma sobre o atropelamento que eu havia sofrido. Mas a Hebe estava falando de outros assuntos e perguntou: "Seu cantor favorito é o Roberto Carlos, não é?" Naquela época, Roberto Carlos era o galã e o queridinho de todos. Eu, porém, com minha personalidade forte,

COM MEU PAI, NO PROGRAMA DA HEBE CAMARGO, EM MEADOS DOS ANOS 1960.

respondi na hora: "Ele, não! Meu cantor preferido é o Ronnie Von." Como se não bastasse isso, em determinado momento, ainda reclamei com meu pai: "Ela não vai perguntar nada do que a gente ensaiou?" As risadas que arranquei deles ficaram registradas na foto.

O que mais me marcou nesse dia, porém, aconteceu nos bastidores: conheci os cantores Jair Rodrigues e Elis Regina. Jair me pegou no colo e mordeu meu nariz. Já a Elis me levou no banheiro e, muito cuidadosa, não me deixou usar a privada, me fez fazer xixi na banheira.

A hesitação dos meus pais em me contar do sucesso da personagem Mônica, segundo eles, se deu pelo fato de eu já ter uma personalidade bastante brigona e gostar de enfrentar as pessoas. A preocupação dos dois era que, ao saber da fama da outra Mônica, que também tinha personalidade forte, eu pudesse me tornar ainda mais, digamos, impetuosa.

Meus anos de infância e adolescência foram tempos de muito sucesso da personagem, e isso acabou fazendo com que eu me fechasse ainda mais a respeito do assunto. Até entrar na faculdade, eu não falava para ninguém que a Mônica, tão teimosa e mandona nos quadrinhos, tinha sido inspirada em mim. Eu queria que as pessoas gostassem de mim não só pela personagem, mas pelo que sou, uma pessoa real, de carne e osso.

PRECISEI SER FORTE

Apesar de os quadrinhos mostrarem a Mônica como uma criança que todos os dias se metia em uma briga na rua, os meus dias eram bem diferentes. Bom, às vezes, eu também acabava me metendo em brigas, mas não com tanta frequência.

Uma vez, uma vizinha com o dobro do meu tamanho começou a imitar minhas irmãs e a implicar comigo, me xingando e puxando meu cabelo. Eu era bem pequenina, mas não pensei duas vezes e dei um tapa na cara da menina. Ela, muito maior que eu, revidou com um chute, que pegou bem no meu rosto e me deixou com o nariz sangrando. Enfim, fui enfrentá-la e acabei levando uma surra. De alguma maneira, com isso aprendi que precisava respeitar certos limites; eu podia até querer ser a dona da rua, mas não era assim que ganharia respeito. Aprendi a lição, mas fiquei tão irritada com aquilo tudo que nunca mais quis falar com a tal vizinha. Ela chegou a deixar uma carta no varal pedindo desculpas, mas preferi manter distância. Para me poupar do sofrimento, acabo sendo radical e apago a pessoa da minha vida; não consigo perdoar. Não considero essa uma boa característica, mas é como sou.

Para contar agora, então, a história que não pude contar no programa da Hebe, um dia eu estava brincando de pega-pega na rua e acabei sendo atropelada por um táxi. O trânsito de carros costumava ser bem tranquilo por ali e, aos sábados, o movimento era ainda menor. Naquele dia, porém, o motorista do táxi, ao passar, não me viu correndo, e o impacto me jogou no chão, me deixando com vários arranhões. Apesar da dor e dos machucados, na hora me veio à mente uma história que aterrorizava o bairro. Era uma lenda urbana parecida com a do homem do saco: dizia-se que um homem andava de carro pelas ruas atropelando crianças e depois as sequestrava e as levava embora para não ser preso. Meu pavor foi tamanho que me levantei na mesma hora e fui para casa correndo; no meio do caminho, ainda fiz xixi nas calças, de pânico. Por sorte, os ferimentos não foram graves. Naquele momento, eu não tinha noção de que o atropelamento podia ter custado a minha vida; meu único medo era ser sequestrada e nunca mais ver meus pais, minhas irmãs, meu cachorro e a casa no Brooklin.

Salvo episódios excepcionais, como o do atropelamento, nossos dias eram parecidos com os de muitas crianças que viveram sua infância no final dos anos 1960: inventando brincadeiras na rua, brigando, tomando uma bronca aqui, outra acolá, sem preocupação nenhuma com os grandes problemas da humanidade.

Depois de horas fazendo arte no quintal e na rua, eu só ia tomar banho no fim da tarde, quando o dia estava acabando e chegava o momento de assistir à televisão com todo mundo. Víamos seriados como *A feiticeira* e o meu preferido, *Julia*, protagonizado pela enfermeira Julia Baker (Diahann Carroll), uma viúva empoderada e muito bonita, que havia perdido o marido na guerra do Vietnã. Já a minha mãe adorava os festivais de música da TV Record.

Essa reunião frequente fazia com que a dor da separação diminuísse um pouco. Nós, as filhas, já conseguíamos lidar relativamente bem com a separação dos nossos pais. Minha mãe, porém, nessa época, enfrentava um período muito difícil e, em certas ocasiões, caía num estado de melancolia que durava horas; às vezes, dias. Eu, a forte da família, sabia que devia estar ao lado dela. E assim o fiz. A Magali também vivia grudada na minha mãe e passou inclusive a dormir com ela na cama, hábito que manteve até se tornar moça.

Apesar de os meus pais fazerem tudo o que estava ao alcance deles para que sofrêssemos o mínimo possível, a minha infância tem o marco da separação dos dois. Mesmo com o esforço que faziam para estar sempre presentes na vida das filhas, acabamos perdendo o convívio diário com aquele pai bem diferente da maioria, sobretudo para a época: carinhoso, engraçado, que brincava conosco e do nada começava a dançar no meio da sala. E, além disso, ele passou a trabalhar cada vez mais, pois o sucesso dos quadrinhos, felizmente, só aumentava.

Depois de um tempo, o meu pai avisou que ia nos "apresentar uma amiga". Nesse período, a minha mãe sentia muita raiva dele — provavelmente desconfiava ou até sabia da nova namorada. Chegou então o dia em que fomos a um passeio com ela para Ilhabela. Com o chacoalhar da balsa, a nova namorada passou mal, e o meu pai, claro, acabou dirigindo todas as atenções para o novo amor. Mais uma vez, tivemos de dividir a atenção dele com outra pessoa.

NOVAS DESCOBERTAS

Foram tantas as escolas que frequentei ao longo da infância que nem sei dizer quantas foram. Conforme íamos mudando de casa e a nossa vida ia também se modificando, trocávamos de colégio também. Em alguns deles, fui bem mais feliz que em outros.

Como o trabalho da minha mãe era cuidar de nós, pude ficar mais um tempo em casa e acabei entrando no colégio no fim do pré-primário. Fui muito feliz na primeira escola da minha vida. A dona, que era também responsável por nós, era muito cuidadosa.

Já nos primeiros dias, um dos alunos começou a implicar comigo e cuspia toda vez que me via. Eu odiava aquela sensação de me sentir subjugada. Pode até parecer mentira, considerando que eu não era de levar desaforo para casa, mas, naquele momento, talvez também por ser muito pequena, preferi me adaptar à escola e não revidar. O problema era que o menino continuava fazendo aquelas grosserias; uma, duas vezes; então, na terceira vez, fui eu mesma resolver, reclamando com a professora. Mesmo pequena, eu entendia que esse era um assunto meu, e não dos meus pais. O menino nunca mais abusou da minha paciência.

O mais interessante dessa escola era o fato de ela ser inclusiva. No segundo ano primário, conheci um aluno que tinha deficiência auditiva causada pela catapora (doença contra a qual não havia vacina na época). Ele era o melhor aluno da classe e foi o meu primeiro namoradinho de infância. Já a Mariangela estudava com um aluno que tinha deficiência visual e que também era o número um da turma. Crescemos tendo essa interação com crianças diferentes, e todas nós nos respeitávamos e brincávamos juntas. Eu era amiga de todo mundo; menos do aluno que cuspia em mim. (E o curioso é que mal sabia eu que conheceria meu marido, mais tarde, em uma guerra de cuspe.)

Nesse meu segundo ano de escola, aprendi a ler. Foi um momento mágico. A capacidade de conseguir decifrar o que estava escrito em placas e cartazes pela cidade mudou completamente minha percepção do mundo. Eu passava pelos lugares e lia, em voz alta, tudo o que estava escrito. Já conseguia, também, entender um pouco do jornal que publicava os quadrinhos do meu pai.

No ano seguinte, a professora organizou uma competição: quem tivesse a melhor nota no boletim ganharia de presente uma caixa de lápis de cor. Apesar de ser filha de um ilustrador, eu não tinha uma caixa de lápis de cor só minha, então desejava muito aquele prêmio. Eu era a melhor aluna da turma, muito dedicada, o que fazia com que as minhas chances de ganhar a competição fossem grandes. No primeiro bimestre, fui a vencedora da disputa.

No segundo bimestre, porém, uma coleguinha que se sentava atrás de mim copiou todas as minhas respostas. Até então, eu tinha uma relação romântica com a escola, mas aquele evento acabou me causando uma desilusão. A professora veio me perguntar quem tinha colado de quem; o fato de ela não reconhecer que eu era uma ótima aluna (e que, portanto, aquilo só poderia ser obra da minha colega) abalou minha relação com a escola. Fiquei indignada. A sensação de injustiça, de pagar por algo que não cometi, ou de ver alguém ser punido por algo que não fez, é, até hoje, uma das coisas que mais me tiram do sério e fazem com que eu não consiga controlar a minha raiva.

Enfim, tirando um episódio ou outro, essa escola no Brooklin, onde iniciei os estudos, foi um lugar muito feliz para mim. Foi ali que vivi toda a primeira fase escolar, fazendo mais amizades que desavenças, mas sobretudo me sentindo acolhida. Era uma escola moderna, diferente de muitas outras mais conservadoras na cidade de São Paulo.

Por isso que, quando eu tinha 10 anos, esta notícia caiu como uma bomba: o meu pai anunciou que nós três iríamos mudar de escola.

DEFENSORA DOS AMIGOS

De início, a notícia pareceu só ruim, mas depois entendemos que não era apenas uma troca de escola. Nós sairíamos de um espaço no qual tínhamos muita liberdade e iríamos para uma escola conservadora, de freiras e que só aceitava meninas. Na nova escola, o Colégio Emilie de Villeneuve, não podíamos falar alto, não podíamos dar risada, a meia devia ser toda branquinha, sem nenhuma marca, e a saia, comprida, abaixo do joelho. Em hipótese alguma podíamos estar fora do padrão. Para mim, regras como essas sempre foram difíceis, afinal éramos pequenas e fomos criadas com muita liberdade.

No primeiro dia de aula, a nossa mãe nos levou de carro para a nova escola. No caminho, sofremos um acidente. O carro capotou. O acidente não foi grave, e todas nós — com exceção da Magali — tivemos ferimentos bem leves. Nossa caçula, e minha parceira, sofreu com o impacto. Ela ficou com um olho roxo e o rosto bastante inchado. Havíamos acabado de chegar ao colégio, ainda não tínhamos feito amizades, então os primeiros dias de aula foram bem difíceis. As meninas riam do rosto machucado da Magali quando passavam por ela. Nessas horas, eu sempre acabava me sentindo na obrigação de protegê-la. Como não queria vê-la sofrendo com toda aquela implicância — que hoje entendemos como bullying —, virei uma espécie de justiceira da Magali. Eu a protegia de todas as formas de qualquer estudante que tentasse fazer mal a ela, chamando a responsabilidade para mim. Nunca mais consegui deixar de desempenhar esse papel.

Por uma enorme coincidência — pois não fiz nenhuma interferência no roteiro —, os dias de tristeza que vivi nesse colégio de freiras foram bem semelhantes ao que aparece no filme *Turma da Mônica: Lições*. Esse foi o segundo *live-action* da Turma, baseado na *graphic novel* de mesmo nome, de Vitor e Lu Caffagi. Quando vi aquilo retratado na tela do cinema, as minhas emoções ficaram à flor da pele, pois conseguia entender exatamente o que aquela Mônica sentiu ao ser separada dos amigos, tendo de estudar em um colégio totalmente diferente daquilo com que estava acostumada. Assim como o Emilie de Villeneuve, aquele colégio era escuro, com corredores grandes, e bastante formal. Cheguei a ficar emocionada quando vi a cena se repetir na tela.

Como eu era uma aluna dedicada, os meus resultados continuaram bons, mesmo que, vez ou outra, eu ficasse de castigo por não seguir as regras. Foi um ano difícil, provavelmente o pior da minha breve vida até então. Mas o mundo dá voltas e, anos depois, na adolescência, acabaria estudando em outro colégio da mesma congregação, o Notre Dame de São Paulo, onde viveria os melhores momentos da minha vida escolar.

MAIS UM IRMÃOZINHO

Nesse meio-tempo, a minha mãe acabou engravidando mais uma vez, e veio o nosso primeiro menino: Mauricio Spada, temporão que viraria nosso protegido. Mauricio era gêmeo do Marcos que, com muitos problemas de saúde, faleceu no seu segundo

MARIANGELA, MAGALI E EU, AOS 11 ANOS, COM MEU IRMÃO MAURICIO SPADA, NO BROOKLIN, EM SÃO PAULO.

dia de vida. As minhas irmãs, os meus pais e eu ficamos arrasados e com muito medo de o Mauricio também não sobreviver, pois tinha uma saúde bastante frágil. O meu irmão ficou quarenta dias no hospital e, quando veio para casa, não existia para mim nada mais importante no mundo. Eu me enxergava como mãe dele e dava mamadeira, banho, como se aquele bebê fosse um bonequinho meu.

Devido a todas as complicações que teve desde que nasceu, ele acabou desenvolvendo sérios problemas de visão: tinha estrabismo, quase não enxergava de um olho, então não foi uma criança como as outras. Isso acabou fazendo com que tivesse dificuldade na escola e também nos seus relacionamentos. O que mais me doía era assistir ao preconceito que as pessoas tinham em relação a ele por ser uma criança que fugia do padrão. Isso o afetou para o resto da vida, mesmo que nós, as três irmãs mais velhas, o defendêssemos o tempo todo com unhas e dentes.

A VIAGEM SÓ DE IDA COM MEU PAI

Por volta dos meus 11 anos, fui com o meu pai e as minhas irmãs, pela primeira vez, passar as férias na praia. Animado para o verão, o meu pai alugou uma casa em São Vicente, no litoral de São Paulo, onde também estava a maioria dos nossos primos. Era uma casa enorme, e todos os dias nos reuníamos para brincar. Quando chegava o fim de semana, meu pai vinha aproveitar as férias conosco. Nossa brincadeira preferida, além de ir à praia, era ensaiar e preparar peças de teatro. Foram as férias dos sonhos, que em nada antecipavam o pesadelo que viria.

Chegado o tempo de voltar às aulas, meu pai nos colocou no carro. Achávamos que iríamos voltar para a casa da minha mãe, mas não foi para São Paulo que o carro nos levou, e sim para Campinas, onde ele nos apresentou a nossa nova casa, o nosso novo colégio, resultado de um plano todo organizado por ele. Sinto um embrulho no estômago até hoje quando me lembro desse dia. Eu amava e admirava meu pai demais, mas não gostava de ser obrigada a ficar com ele. Nós três fomos tiradas da nossa mãe e apresentadas a uma nova vida sem que fôssemos consultadas.

Senti uma dor imensa, foi o pior período da minha infância. Nunca soube nem entendi por que o meu pai fez aquilo. É claro que ele acreditava que estava fazendo o melhor para nós três, mas essa decisão equivocada, de nos afastar da nossa mãe, em uma fase que as três meninas precisavam dela mais do que tudo, deixou sequelas que nenhuma terapia foi capaz de curar.

Além do mais, minha relação com minha mãe só piorou depois disso. Talvez por eu ter pedido tantas vezes para morar com meu pai, ela culpasse a mim e à Mariangela por tudo aquilo estar acontecendo.

Em Campinas, ficamos sob os cuidados dos nossos avós paternos, que, depois de vinte anos separados, foram "juntados" pelo meu pai para configurar uma família estável. Assim, ele garantiria a nossa guarda depois de se desquitar da minha mãe (não havia então divórcio no Brasil, que só seria instituído mais tarde, em 1977). Foi nessa época que fomos estudar no Colégio Notre Dame de Campinas, uma escola de padres, moderna, com ensino de alto nível. Já éramos, então, cinco as filhas: além de nós três, mais velhas, também havia as gêmeas Vanda e Valéria — de todos os filhos do meu pai, as duas são as únicas com inicial em V, batizadas em homenagem à mãe delas, Vera. Como eu já tinha alguma experiência com o Mauricio, pude brincar de boneca com as gêmeas também. Ajudava a diminuir a dor que sentia por estar longe do meu caçulinha. As gêmeas haviam perdido a mãe em um trágico acidente de carro pouco depois de terem nascido.

Em um período muito difícil para nós, poder conviver com minhas irmãs gêmeas foi a melhor coisa que aconteceu. Brincávamos de *Vila Sésamo* (programa de muito sucesso na TV, nos anos 1970), fazíamos marionetes com meias... Era muito gostoso. Elas eram crianças felizes, apesar da tragédia de perder a mãe.

REFLEXOS DO MEDO

A morte da mãe das gêmeas acabou me mostrando que, sim, grandes tragédias, como perder os pais, poderiam acontecer na vida de uma criança. Esse medo voltou a me assolar mais tarde quando tive eu também a minha filha, e só fiquei mais tranquila quando nasceu o meu segundo filho — eles poderiam fazer companhia um ao outro caso algo acontecesse comigo.

Depois que entendi que o homem do saco não existia, aquele passou a ser meu grande pavor. Além disso, quando eu era bem pequena, tinha um medo enorme de que o meu pai morresse. Eu sempre via no cinema os homens sendo convocados para a guerra e imaginava que ele poderia ser chamado também. Meu pai, que sempre foi muito brincalhão, dizia que não era para eu me preocupar com isso, pois, se fosse chamado, seria apenas o desenhista das batalhas. Tirando isso, o brinquedo do Trem Fantasma e baratas, eu não tinha medo de mais nada.

A mudança para Campinas, porém, foi mais sofrida que a troca de colégio: ficávamos com os meus avós e quase nunca víamos a nossa mãe. Tínhamos de encontrá-la às escondidas em alguma pracinha. Às vezes, eu sentia tanta saudade que fugia para ir até a casa da vizinha e conseguir ligar para ela. A Magali e eu não aguentávamos mais, então combinamos de fazer uma greve de fome para deixar bem claro que queríamos ir embora. Não deu certo. Além de a Magali sempre escapar até a cozinha de madrugada, minha avó, focada nos cuidados com as gêmeas, não reparava se estávamos comendo direito ou não.

Naquele momento, eu me senti abandonada e o meu peito doía, tamanha era a saudade que sentia da minha mãe. Passei a ter muita raiva daquela situação toda e, quando o meu pai chegava à casa que ele havia alugado em Campinas para o fim de semana, eu amarrava a cara na mesma hora. A Mariangela não ligava muito, mas não há nada que incomode mais a Magali, até hoje, do que ver alguém de cara amarrada.

Ficar de cara feia era a minha defesa quando estava triste. Eu preferia esquecer a tristeza e mostrar meu mau humor a quem estivesse por perto. Fui uma criança muito emburrada, mas que pouco chorou. Quando via que não tinha o que fazer a respeito de uma situação que me deixava triste, eu racionalizava e optava por me afastar. Uma coisa que entendi bem cedo foi que não adiantava ficar sofrendo. E, como criança, aprendi a reagir da maneira que era possível.

NO TOPO, À ESQUERDA: MARIANGELA, MAGALI, EU, VANDA, MAURICIO SPADA E VALÉRIA, NA CASA DA MINHA MÃE, NO BROOKLIN. À DIREITA: MARIANGELA, MAGALI E EU COM O UNIFORME DO COLÉGIO NOTRE DAME DE SÃO PAULO. À ESQUERDA, EMBAIXO: EU, AOS 17 ANOS, TAMBÉM NA CASA DA MINHA MÃE.

MÔNICA JOVEM

Ficamos em Campinas não mais que seis meses e voltamos para São Paulo, a fim de morar com meu pai. Chegando à capital, fomos matriculadas em uma escola estadual em frente à nossa casa.

Naquele momento, o meu pai ainda cuidava de nós com a ajuda de duas empregadas, e uma delas fazia as vezes de nossa amiga. Esse convívio com meu pai permitiu que eu o conhecesse um pouco mais. Como "pai solo", ele era fofo, de bem com a vida, engraçado, feliz, fazia questão de nos levar ao cinema e a parques; voltou a ser aquele pai com quem convivi quando morávamos no Butantã. Nessa época, ele também estava muito mais flexível com relação a ficarmos próximas da nossa mãe, e isso fazia toda diferença para mim.

Sempre fui muito boa aluna, então apresentava um ótimo resultado na escola. No fim da aula, íamos para uma pracinha que tinha atrás do colégio e ficávamos conversando com um grupo bem grande, no qual havia alguns meninos que me interessavam. Aos 14 anos, eu já era mais vaidosa e não escondia minha admiração pelos surfistas e skatistas. Além disso, comecei a ser convidada para os bailinhos.

Meu pai não gostou nada desse movimento: nem da pracinha, nem do bailinho e muito menos dos skatistas, então resolveu nos trocar novamente de escola.

Acabamos indo estudar em um colégio de freiras que, por coincidência, também se chamava Notre Dame, mas não tinha relação com o de Campinas. O Colégio Notre Dame de São Paulo era da mesma congregação do Emilie de Villeneuve. Apesar disso, o Notre Dame era muito diferente do meu antigo colégio, e eu gostava de estudar ali. Nessa nova escola, tive a sorte de fazer boas amizades: Lygia e Ana Paula, que são minhas amigas até hoje. O Notre Dame era bem mais rigoroso que o estadual onde estudávamos. Isso, no entanto, pouco influenciou o meu comportamento. Lygia, Ana Paula e eu levávamos para o colégio coisas que não eram permitidas, falsificávamos a caderneta para sairmos mais cedo, fazíamos tudo que era proibido.

Foi nessa época que comecei a fumar, para desespero do meu pai. Por mais que eu tentasse esconder, ele acabava sentindo o cheiro de cigarro. Também comecei a dirigir a motinho da Mariangela. Quando ela ganhou a moto que chamávamos de cinquentinha (50 cilindradas), fez um enorme sucesso na vizinhança, parecendo adulta. Por eu ser cuidadosa com as coisas, a Mariangela me emprestava sem reclamar. Eu amava a sensação de liberdade ao pilotar aquela moto.

Como meus pais nunca nos levavam a festas, precisávamos nos virar para sair. Antes o jeito era pegar carona ou um ônibus, mas, depois que aprendi a pilotar, passei a ir de moto a todas as festas que podia. Nesse período, o meu pai e a minha mãe se falavam muito pouco — um grande erro de alguns pais que se separam —, então, nos fins de semana, eu dizia para um que estava na casa do outro e ia aproveitar a vida. Eu e a minha amiga

Bicho (apelido da Lygia até hoje, inspirado na gíria que Roberto Carlos usava na época) pegávamos a motinho da Mariangela, sem capacete, usando vestido e salto alto, e íamos para as festas de 15 anos e de formatura (inclusive para algumas que não tínhamos sido convidadas). Às vezes, rodávamos por São Paulo a noite toda. Sem medo, trafegávamos pela Marginal Pinheiros de madrugada; éramos livres, e era bom demais.

Meus pais nunca souberam dessas aventuras de moto, mas outras coisas um ou outro acabava descobrindo. Por volta dos meus 15 anos, eu juntava as amigas para assistir a filmes adultos. Eram do meu pai e, como estavam em formato Super-8, era necessário saber colocar o rolo no aparelho para não estragar o filme. Sem dúvida, ele percebia que a gente mexia nas coisas dele, porque o aparelho estava sempre montado para que não estragássemos nada.

Apesar de ele fazer vista grossa para isso, eu tinha outra dificuldade por morar com meu pai: ele não sabia comprar roupas, xampu, cremes, sapatos, secador, nada do tipo. Não tinha muita noção do que meninas adolescentes usavam e das coisas de que precisavam. Quando começaram as festas de 15 anos, eu não tinha roupa para ir e dizia isso a ele, mas o meu pai respondia: "Imagina, você tem três calças e várias camisetas!" Não falávamos a mesma língua. Acho que ele imaginava que eu fosse igual à personagem (sempre com o mesmo vestido). Quem me salvava nessas horas era a minha amiga Ana Paula: ela tinha as roupas mais bonitas e modernas que eu já tinha visto, e era a garota mais popular da escola. A Ana Paula sempre me emprestava as roupas de que eu precisava. Por isso, e porque ela me pediu, quando eu não estiver mais neste mundo, a minha coleção toda de porquinhos vai para ela.

MULHERES FORTES

Certo dia, meu pai nos apresentou uma nova amiga — e sabíamos que não era só uma amiga — chamada Norma. Ela foi entrando nas nossas vidas bem devagarinho, e eles acabaram se casando

EU E NORMA NO EVENTO DO CINE GIBI.

depois (passaram a morar juntos, o que, para mim, é o mesmo que se casar). Norma sempre foi linda, independente, alto-astral e carinhosa com a Vanda e a Valéria. Como eu já tinha uma vida bem independente, quando ela chegou, as coisas passaram a não ser tão fáceis para mim, porque ela começou a prestar atenção no que eu fazia. Eu fechava a cara, mas ela não ligava e cuidava com todo o carinho de nós cinco. Como meu pai não comprava roupas para nós, nem xampu (usávamos o dele), nem nada do tipo, era a Norma quem comprava nossas roupas e nos levava ao cabeleireiro.

Norma, que acabou se tornando uma das minhas melhores amigas ao longo de toda a minha vida, também era outra figura feminina forte, exatamente como as mulheres que me formaram. Na época em que se casou com o meu pai, ele era um homem jovem que já tinha então cinco filhas e um filho; duas delas, órfãs de mãe. Ela era do tipo que dava bronca, tomava decisões, tinha iniciativa, mas também era gentil e tinha uma alegria enorme de viver. A Norma me ensinou que era possível ser forte, alegre e independente; e também ter opinião e fazer brincadeira.

Ela não se importava de dividir a casa, nem tinha intenção de ter o meu pai só para ela; seu desejo era somar. Ali, todos queriam estar bem. A Norma organizava comemorações de Natal e fazia festa de aniversário para todo mundo, pois sabia que o meu pai valorizava muito ficar com seus familiares. Todos amavam estar com ela.

É claro que também tinha o lado difícil: ela me entregava quando eu fazia algo proibido pelo meu pai. No entanto, protegia a Magali quando ela era suspensa da escola. Já a Mariangela cabulava às vezes as aulas de inglês e combinava de me encontrar no ponto de ônibus, para voltarmos juntas e não despertar suspeitas. O problema era que ela sempre se atrasava e, uma vez, cansei de esperar e fui para casa sem ela. Levei bronca da Norma por não ter esperado a minha irmã. Ou seja: sempre sobrava para mim.

Norma também soube muito bem integrar as nossas vidas, os compromissos de três adolescentes, com a vidinha das pequeninas Vanda e Valéria: enquanto fazíamos aula de balé, as nossas irmãs ficavam vendo. Ali, novamente, éramos uma família.

Quando eu tinha uns 16 anos, para minha tristeza, eles acabaram se separando. No entanto, isso felizmente não impediu que continuássemos sendo amigas. Antes de morar com meu pai, ela já possuía um apartamento, carro e sabia cozinhar muito bem. Quando eles se separaram, ela sofreu, mas deu a volta por cima: foi morar na Itália. Nós mantínhamos contato por cartas.

Depois de um tempo, ela voltou para o Brasil e foi morar em Copacabana. Era ela quem me levava para assistir aos desfiles das escolas de samba do Rio de Janeiro, algo que sempre adorei. Até hoje, os meus filhos a consideram uma avó.

De certa forma, a Norma complementava algumas lições que aprendi com a minha mãe.

O RETORNO AO LAR MATERNO

Quando o meu pai e a Norma se separaram e ele decidiu se casar novamente, eu e as minhas irmãs pedimos permissão ao nosso pai para voltar à casa da nossa mãe. Por mais que aquele período com meu pai tivesse me permitido passar mais tempo com ele e a Norma e receber muito carinho, eu era adolescente e sentia muita falta da casa da minha mãe, de estar com ela e com o meu irmão, Mauricio Spada, todos os dias. Voltar a morar com eles foi uma alegria imensa.

Ainda que a relação de uma filha com a mãe possa ser difícil, sobretudo nessa idade, é ali que a gente se sente acolhida, confortada, aceita. Para mim, aquele contato era o que me fortalecia.

A Marilene, minha mãe, nos dava muita liberdade, nos ensinava a ser independentes e estava sempre nos alertando sobre a importância de construirmos a própria vida, termos o nosso trabalho e o nosso dinheiro. Ela também fazia roupinhas para nossas bonecas e preparava nhoque, que era meu prato predileto. O mais engraçado é que, apesar de me mimar com o prato italiano, ela não queria que a gente aprendesse a cozinhar, pois acreditava que isso aumentava a chance de virarmos donas de casa e não termos um trabalho remunerado. O importante, reforçava a minha mãe, era não depender de marido em hipótese alguma.

A Marilene não julgava ninguém, fosse por condição social, orientação sexual ou pela origem. Com ela, aprendi a não ter preconceitos, a não emitir opinião sobre as pessoas antes de conhecer suas histórias e motivações. Os meus amigos amavam estar na nossa casa justamente porque minha mãe era assim: uma mulher que pregava a liberdade, que defendia a ideia de que todas as pessoas se apresentassem do jeito que entendiam ser melhor para elas, sem pudores, livres para serem quem quer que fossem.

Mas nossa relação nunca foi simples. Ela não era de esconder o que sentia e dizia para quem quisesse ouvir que a preferida dela era a Magali. Quando questionada sobre o assunto, minha mãe nem hesitava: "Mas quem não gosta da Magali?" Esse jeito de falar o que lhe vinha à cabeça, sem amarras, que custei tanto a entender, foi algo que certamente herdei dela e luto até hoje contra isso. Foram necessários muitos anos para que eu conseguisse, finalmente, compreender o jeito dela, suas vulnerabilidades, e aceitar que ela era humana. E só alcancei essa compreensão quando eu mesma me tornei mãe.

Ainda assim, com tanta liberdade e autonomia, no fundo, o que minha mãe queria era ter a família reunida; que estivéssemos todos nós, os seis, juntos, sob o mesmo teto. Dessa falta, ela nunca se recuperou. Pelo menos, tinha recuperado a nossa guarda, e estávamos morando com ela de novo.

Mesmo sendo ainda uma jovem adolescente, eu já havia amadurecido bastante àquela altura. A dor faz isso com a gente.

A TURMINHA JOVEM

Tínhamos uma dificuldade enorme de manter um grupo de amigos, já que nossa vida era cheia de mudanças e trocávamos de escola o tempo todo. Era com a Magali que eu mais conversava e aprontava.

Voltar para a casa da minha mãe, porém, tinha outra vantagem: ela era muito menos careta que o meu pai. Ele era muito conservador e, na nossa adolescência, não nos deixava nem falar direito com meninos. Era só eles se aproximarem que meu pai já dava logo uma bronca e deixava bem claro que não podíamos sair sozinhas com eles. É claro que isso não fazia sentido algum, e o mais curioso é que, nos quadrinhos dessa época, a Mônica já era muito amiga do Cebolinha e do Cascão; todos viviam bem no bairro do Limoeiro. Para nós, as filhas da vida real, o cenário era outro. Mais tarde, quando a Vanda e a Valéria entraram na adolescência, a postura do meu pai já foi diferente. Com o tempo, ele se tornou bem mais tranquilo em relação a isso.

Meu pai e minha mãe tinham opiniões opostas nesse assunto: minha mãe achava a ideia de afastar as três filhas dos garotos um trabalho inútil. Para ela, isso fazia parte da vida, da adolescência. É claro que começamos a nos interessar pelos rapazes, a conversar com eles. Quando morávamos com a minha mãe, era comum ter sempre um ou outro garoto no nosso grupo de amigos, em casa, conversando com a gente. Ainda estávamos naquela fase de transição, então a infância não tinha ficado totalmente para trás.

Mesmo com tantas restrições impostas pelo meu pai, a quem eu seguia respeitando muito, ainda que passasse mais tempo na casa da minha mãe, aproveitei a adolescência e namorei bastante. Muitas vezes, eu conhecia um menino, a gente conversava um pouco, eu ia às festinhas ou ao cinema com ele, mas a história não durava mais que três meses. A verdade é que eu passei anos tendo horror de considerar trocar a minha liberdade para ficar com um garoto qualquer. Como nenhum desses breves relacionamentos seguiu adiante, eu também evitava me abrir com o meu pai, mas a minha mãe sabia de tudo. E os namoros terminavam do jeito que começavam: quase em segredo.

MÃE

Apesar da alegria do retorno à casa da minha mãe, nem sempre o convívio com ela era fácil. Vez ou outra eu me refugiava na casa do meu pai para ter paz para estudar. Ficar separada do meu pai e das filhas fez com que a minha mãe nunca mais fosse a mesma. Ela acabou ficando amargurada, deprimida, parou de se cuidar e se

EU NO COLO DA MINHA MÃE, MARILENE, AO LADO DE MARIANGELA E, À FRENTE, MAGALI. NA CASA DA NOSSA MÃE, NO BROOKLIN, EM SÃO PAULO.

recusava a procurar ajuda. Por diversas vezes tentei levá-la a um terapeuta ou médico, mas ela não aceitava.

Anos depois, quando eu já era adulta, ela adoeceu e ficou mal por um bom tempo; tinha muitas dores de cabeça, e nós não sabíamos o motivo. Quando a dor aumentava, minha mãe amarrava batatas nas têmporas. Fumante inveterada, ela acabou morrendo, no dia 7 de fevereiro de 2011, por causa de um enfisema pulmonar, depois de passar anos sofrendo por se recusar a se tratar. Em determinado momento, ela até aceitou ir a uma consulta médica, mas já era tarde demais, não havia mais jeito. Tive de levá-la para o hospital às pressas. Ela estava desacordada, sem respirar. Depois desse episódio, no qual ela foi parar na UTI, minha mãe não saía mais do hospital. Era internada, tinha alta, mas voltava logo depois. Acompanhar esse sofrimento foi o que me fez parar de fumar. Também nessas internações descobrimos que ela tinha hidrocefalia, além de um aneurisma cerebral bem grande e inoperável.

O amor que sinto por ela é infinito, e entendo algumas das suas crises. Nossa relação passou por altos e baixos ao longo da vida. Eu a enxergava como uma pessoa muito vulnerável; não me sentia à vontade em dividir meus problemas com ela. Eu tinha a sensação de que o mundo dela era tão pesado que eu não tinha o direito de colocar mais um fardo nas suas costas.

Consigo ver hoje com clareza que minha mãe foi uma heroína para a família. Primeiro, porque deu muita força para o meu pai seguir seu sonho. Quando eles se conheceram, o meu pai era jornalista e tinha um salário fixo. Mas depois isso mudou. Mesmo assim, minha mãe esteve ao seu lado o tempo todo. Não deve ter sido nada fácil para ela, mas como acreditava no potencial dele, importava pouco se tinham de passar uns apertos e mudar de cidade: ela tinha certeza de que tudo iria dar certo para a família, apesar de tudo aquilo de que teriam de abrir mão.

Eu amava muito a minha mãe e sinto muito por não ter curtido mais os momentos que tivemos. Não tem um dia em que não sinta falta das nossas conversas.

Hoje, escrevendo este livro, percebo que queria poder voltar no tempo para fazer mais perguntas sobre a vida dela. A minha mãe contava histórias como ninguém. Quando falava, era como se eu estivesse vendo as palavras ganharem forma. Às vezes, não nos damos conta de que nossas mães quebraram tabus. A Marilene era de uma outra época, e a história dela era fascinante. Agradeço todos os dias por minha mãe ter me mostrado que não devemos ter preconceitos, que não somos melhores que ninguém, que mulheres precisam ter voz. Eu carrego muito dela, como o excesso de sinceridade, tanto para elogiar como para criticar. As mulheres de outras gerações podiam não ter tantas informações como as de hoje, mas tinham muita sabedoria.

MAGALI, MARIANGELA E EU, NA CASA DO MEU PAI, NO BAIRRO DO SUMARÉ, EM SÃO PAULO.

TRIO ADOLESCENTE

Apesar de nunca ter sido da mesma turma da Magali na escola, por termos um ano de diferença, seguíamos inseparáveis, inclusive quando se tratava de implicar com a Mariangela. A nossa irmã mais velha era bem mais séria que nós duas, e Magali e eu vivíamos de fofoca e dando risada pela casa. A Mariangela, mesmo sendo apenas um ano mais velha que eu, se considerava mocinha e não brincava com as irmãs mais novas, que não a deixavam em paz.

Às vezes, a Mariangela pegava uma peça ou outra no meu guarda-roupa. E não só para ela, mas para emprestar às amigas também. Não que eu fosse uma adolescente egoísta, o problema é que ela não era tão cuidadosa com as roupas quanto eu. Isso sempre era motivo de briga, e eu ficava com tanta raiva que um dia decidi trancar o meu guarda-roupa e esconder as chaves. Nossa irmã meio hippie não teria mais acesso aos meus vestidos e às minhas blusas. Só que ela aprendeu a abrir o meu guarda-roupa sem que eu percebesse, e conseguia se safar.

A Mariangela era muito diferente de mim e da Magali: madura, independente, não estava nem aí para as regras estabelecidas pelos nossos pais. Certa vez, ainda éramos bem jovens quando ela decidiu viajar com o namorado e não avisou a ninguém. Meu pai e minha mãe quase enlouqueceram de preocupação, mas ela voltou da viagem como se nada tivesse acontecido. Nisso também a Mariangela era muito diferente de mim. Apesar de eu ter vivido as minhas aventuras, não gostava de mentir e sempre respeitei os meus pais. Olhando para trás, consigo entender melhor as atitudes da Mariangela e penso que seria bom ter aproveitado a vida com um pouco mais de tranquilidade.

No entanto, eu sabia me posicionar quando precisava. Por volta dos meus 15 anos, a Mariangela quis mudar de colégio, para o Mackenzie, e meu pai queria que nós três fôssemos juntas. Cansada de tanta mudança de escola, bati o pé e não aceitei. Fiquei, então, até o fim do ensino médio no Colégio Notre Dame, onde me formei.

FORMATURA DO ENSINO MÉDIO, NO COLÉGIO NOTRE DAME, EM SÃO PAULO.

IDENTIDADE SECRETA

Na segunda metade da década de 1970, a Mônica personagem já era bem conhecida. Contudo, seguíamos com a política de não comentar que éramos filhas do Mauricio de Sousa, já então um nome famoso no país. Eu também não falava que a Mônica dos quadrinhos tinha sido inspirada em mim.

Nunca revelei aos meus namorados essa minha, digamos assim, identidade secreta. Era quase uma mágica que tentávamos fazer para blindar nossa vida dos famosos personagens dos quadrinhos. Outra habilidade especial que eu tinha na adolescência era a de sumir. Eu detestava terminar namoros. Bom, era mais que isso: eu simplesmente não sabia como terminar com ninguém. Como dizer para um menino que eu não gostava mais dele, que não queria continuar naquela relação? Nessas horas, como eu não sabia o que fazer, acabava tomando uma atitude que hoje sei que era bem errada: eu sumia do mapa e nunca mais falava com o rapaz.

Uma vez fiz algo ainda pior. Eu e a Magali, numa determinada idade na adolescência, éramos muito parecidas, então pedi — na verdade, supliquei — a ela que fosse até o garoto com quem eu tinha saído algumas vezes, fingindo ser eu, para dizer que o namoro tinha terminado. Quando contei o meu plano para a Magali, ela soltou uma gargalhada e falou: "Isso não vai funcionar!"

No fundo, eu sabia que ela estava certíssima, mas insisti na ideia que parecia meio maluca só porque estava morrendo de medo de terminar o namoro. Eu era uma garota bastante corajosa, mas sentia um pânico inexplicável naquela situação.

Obviamente, deu tudo errado. Por mais que fôssemos parecidas, não éramos idênticas para que uma pudesse se passar pela outra. O então namorado ficou muito chateado e nunca mais falou comigo.

Apesar de isso ter acontecido quando eu ainda era adolescente, hoje, muitas décadas depois, ainda tenho a mesma dificuldade de romper com os afetos, sejam amizades ou amores. Em geral, não tenho medo de confrontos, mas terminar um relacionamento é algo que me deixa arrasada, então prefiro me afastar aos poucos, dar tempo ao tempo, ficar longe até que a história termine naturalmente sem uma briga ou um desfecho mais duro.

Passados esses primeiros encontros bastante despretensiosos, fui ter meu primeiro namorado sério quando tinha 16 anos. Acabei conhecendo esse tal rapaz de um jeito bem Mônica — essa história, inclusive, poderia até estar nos quadrinhos. A protagonista, no início, não era eu, e sim a Magali.

PAIXÕES

Sempre me fechei para paixões avassaladoras, daquelas que nos impedem de enxergar a realidade de uma relação — talvez por ter visto muitas mulheres da minha família se acabarem por esse motivo. Eu me apaixonei poucas vezes, sempre sabendo que as paixões têm prazo de validade. Para falar a verdade, até hoje sinto um pouco de inveja das mulheres que sentem essa emoção com frequência. Por outro lado, vejo o quanto é comum a mulher sair machucada e enganada, e, em muitos casos, acabar abdicando da própria vida e de seus propósitos.

Diferentemente de mim, que nunca levei muito a sério essa história de se apaixonar, a Magali vivia sofrendo e estava sempre com o coração partido. Então, era só conhecer outra pessoa que ela ficava alegre de novo e saía cantando pela casa. Depois, o namoro terminava, e começavam os dias da Magali arrastando corrente. Ela sofria, se descabelava, achando que a vida ia acabar.

Magali e eu sempre fomos muito próximas, mas, naquele período, acabamos nos afastando um pouco por estarmos convivendo e saindo com turmas diferentes. A Magali acabou ficando muito amiga do pessoal do nosso prédio, e eu andava mais com um grupo de amigos do Colégio Notre Dame.

Nessa época, conheci o Saraiva. O nome dele é Marcos, mas todos o conhecíamos pelo seu sobrenome, e assim ele me foi apresentado na casa de uma amiga. Eu achava que o Saraiva era um potencial candidato para que a Magali, finalmente, colocasse um fim no período de fossa que estava vivendo, e ainda pudesse dar o troco no ex-namorado. Decidi, então, que seria a cupido e faria a proposta ao Saraiva. Escolhi um momento mais oportuno e fui direta: "Saraiva, o que você acha de namorar a minha irmã? Eu queria muito que vocês se conhecessem melhor."

Ele respondeu sem titubear, mas foi um pouco menos direto: "É só a sua irmã que está querendo um namorado na sua família?"

Entendi a intenção dele e fiquei sem graça. Respondi, então, brincando: "Não tem só uma irmã na minha família procurando namorado, não. Além da Magali, tem a Vanda e a Valéria."

As gêmeas tinham 6 anos, mas eu não podia perder a oportunidade de fazer graça.

Passei semanas afastada e sem ir à casa da minha amiga, onde tinha conhecido o Saraiva, que, por fim, nunca seria namorado nem da Magali e muito menos da Vanda e da Valéria.

Depois de um tempo, outra amiga em comum nos convidou para uma festa de aniversário reunindo todos os amigos. Decidi ir à festa, sem saber que o Saraiva também estaria lá e que ele podia querer retomar a conversa. Naquele dia, porém, ele foi bem mais direto: "Mônica, eu não falei da outra vez, mas a irmã que eu quero namorar é você." Decidi me arriscar e aceitei o pedido dele de namoro.

O PRIMEIRO NAMORADO

Namorar, para mim, por mais que eu gostasse da pessoa, sempre foi um desafio, pois poucas coisas me incomodam mais que a obrigação de ter de encontrar alguém mesmo você estando cansada ou passando por algum problema. A obrigação de sair com uma pessoa em qualquer contexto, tê-la pendurada no braço nos eventos, me incomodava. Atribuo hoje essa minha necessidade vital por espaço também ao Transtorno do Déficit de Atenção com Hiperatividade — TDAH (com o qual eu seria diagnosticada bem mais tarde).

Por isso tudo, eu não gostava da dinâmica do namoro daquela época. Hoje os relacionamentos podem ser mais livres, mas, nos anos 1970, mesmo com todas as mudanças que estavam acontecendo e as mulheres conquistando cada vez mais sua independência, ainda havia muitas regras a serem seguidas na sociedade. Eu não tinha a menor paciência para relacionamentos que tomassem demais do meu tempo e que limitassem de alguma maneira o meu direito de ir e vir. Uma coisa era seguir as regras da escola, do trabalho; outra era ter de obedecer ao que os outros esperam de você na sua vida pessoal.

Mas o fato é que, gostando ou não do modelo, este foi o namoro mais sério que tive até então. E digo sério porque foi o primeiro que ultrapassou a marca dos três meses. Contudo, quando completamos esse tempo juntos, em novembro de 1976, o verão começava a dar as caras, e o que eu menos queria era ter um namorado no meu pé nas férias na praia. Já estava decidido: eu iria com a minha família para o Guarujá, cidade do litoral sul de São Paulo, para curtir os dias de sol. Passar uma temporada naquela região era um luxo, tudo o que uma adolescente poderia querer. O Saraiva, por sua vez, também tinha uma programação com os amigos: iria para Ubatuba, outra cidade de praia, no litoral norte de São Paulo. Para evitar que houvesse qualquer risco de o Saraiva trocar o litoral norte pelo sul, inventei uma história: disse que iria passar o Ano-Novo com a Norma, no Rio de Janeiro.

Imagine, então, o meu espanto quando o Saraiva apareceu, no meio das férias, no Guarujá, para fazer uma surpresa? A estratégia dele foi ligar para o meu pai e pedir o endereço de onde estávamos curtindo o verão. Não posso negar que foi um ato e tanto de coragem, principalmente porque meu pai, apesar de ter afrouxado um pouco o modo controlador, continuava sendo bastante severo e conservador quando o assunto era namoro.

Foi necessário mais de um ano para que eu, de fato, aceitasse que estava gostando do Saraiva. Até me dar conta de que estava apaixonada, aprontei muito. Houve vezes em que eu dizia que ia dormir, mas depois alguém me ligava convidando para uma festa e eu ia sozinha. Na verdade, nós dois fazíamos isso. Por mais que já tivesse muito afeto pelo Saraiva àquela altura da relação, precisava ser livre, não me sentir presa às vontades e programações de ninguém.

Ele suportava, inclusive, as exigências absurdas do meu pai. Durante quase todo o nosso namoro, não tínhamos permissão de sair sozinhos. Se eu ia ao cinema, tinha de chamar alguém para ir de "vela", como falávamos naquela época; se quisesse ir a um barzinho, tinha de arrumar alguém para nos acompanhar. Tampouco podíamos nos ver todos os dias. Não era sempre que eu obedecia às regras do meu pai, mas a determinação era essa. Por conta da distância do Brooklin até o Colégio Notre Dame — eu levava mais de uma hora de ônibus para fazer o trajeto —, decidi voltar a morar na casa do meu pai por um tempo.

Mas isso não fez com que o meu namoro acabasse. Eu namorava em casa, no sofá, como mandava o figurino. Muitas vezes, já tarde da noite, o meu pai aparecia na sala, comendo geleia de mocotó, de quimono, pronto para dormir, e decretava: "Está muito tarde, e amanhã o rapaz tem que trabalhar, então ele precisa dormir. Está na hora de ir embora."

Eu morria de vergonha quando o meu pai fazia isso. O Saraiva não desistiu, mesmo que, a cada encontro com o Mauricio de Sousa comendo geleia, ele tivesse uma crise de suor, com direito a tremor e voz embargada. O jeitão do meu pai podia sugerir o contrário, mas ele, surpreendentemente, tinha enorme simpatia pelo Saraiva.

Aos dois anos de namoro, eu estava planejando uma viagem com o Saraiva e um casal de amigos para uma casa de praia. Apesar de a minha amiga ter dito para os pais que iria viajar só com umas amigas, eu não quis mentir. Falei logo para o meu pai que ia viajar com o meu namorado. Ele não aceitou de imediato, mas a Alice, que já era sua esposa na época, intercedeu por mim. Ela disse que minha atitude tinha sido positiva, ao falar a verdade, e que ele deveria reconsiderar. Após essa conversa, ele voltou atrás e até me emprestou sua máquina de filmar (em Super-8) e nos deu o primeiro tanque de gasolina.

Por fim, a Magali, que tinha sido o assunto da minha primeira conversa com o Saraiva, acabou se entendendo com um amigo dele, e os dois começaram a namorar. Nós duas voltamos a ser um grude, como fomos ao longo de toda a vida, só que estávamos em casais.

A vida adulta estava então começando para nós, e com ela viriam novos desafios e novas alegrias.

NO COLÉGIO NOTRE DAME, EM 1976.

NO DIA DO MEU CASAMENTO.

COM MEU GATO, O CLONE.

MAGALI, MINHA MÃE, MAURICIO SPADA, MARIANGELA, EU E
MEU PAI, NA MINHA CASA, EM SÃO PAULO.

A MULHER À FRENTE DA PERSONAGEM

DO DESENHO PARA OS NEGÓCIOS

Meu maior sonho era desenhar móveis e trabalhar no exterior. Na Itália, de preferência. Prestei vestibular pensando em seguir os caminhos do design e optei, então, pelo curso de desenho industrial. Eu só não sabia que a faculdade de desenho industrial incluía muitas aulas de física — disciplina que nunca foi o meu forte. E, para completar, eu precisava saber desenhar.

A essa altura, eu até desenhava uma coisa ou outra, mas a comparação com o meu pai era inevitável. Ele chegou a me ensinar alguns truques para ilustrar animais, como gato, elefante e o próprio cachorrinho Bidu; mas não era suficiente.

Além disso, quando os meus colegas e professores da faculdade descobriam que eu era filha do Mauricio de Sousa, reagiam de duas maneiras: se o trabalho estava bom, as pessoas me perguntavam se o meu pai tinha me ajudado; se estava ruim, a reação era algo como "nossa, nem parece filha do Mauricio de Sousa". Eu detestava ambas.

Aquilo foi me incomodando muito, então voltei a me fechar, não comentava mais nada sobre minha origem. Nós, da família Sousa, somos sempre cobrados a tentar encontrar nosso dom artístico. Afinal, o meu pai é uma estrela de primeira grandeza. Ele se consagrou como um dos maiores do seu tempo, tem reconhecimento internacional. No fim das contas, meu pai é como o sol: tem os filhos e a família toda girando em torno dele.

A minha veia artística era um tanto reduzida, mas esse não era o caso de todos os filhos do meu pai. A Magali, por exemplo, era muito mais desenvolta nas artes que eu. Desde criança, ela sempre desenhou muito bem. Depois da faculdade, a minha aptidão foi ficando cada vez mais evidente: aos poucos fui descobrindo que tinha talento para atuar na área comercial. E isso acabou sendo ótimo para mim e para os negócios.

O INÍCIO DA CARREIRA

Aos 18 anos, já na faculdade, depois de uma conversa com o meu pai, pedi a ele que me deixasse trabalhar na loja da Turma da Mônica. Nessa época, eu ainda sonhava em morar fora do país, então queria conquistar a independência financeira. Mal tinha começado na loja quando percebi que estava caída de amores pela área comercial. Ao lidar com os mais variados produtos, notei que sentia um enorme prazer e tinha aptidão para trabalhar naquele ramo.

A lojinha da Turma da Mônica ficava na esquina da rua Augusta com a avenida Paulista, no coração da cidade de São

Paulo, por onde passam milhares de pessoas todos os dias. Na loja, eu era uma vendedora como outra qualquer e, como de praxe, evitava falar para os clientes que eu era a tal Mônica que tinha dado nome à boneca que, nos anos 1980, enfeitava os quartos de muitas crianças brasileiras e era muito desejada como presente de Natal. Por anos, ela foi um dos nossos principais produtos na lojinha; só rivalizando com as barraquinhas de pano da Turma da Mônica e o Sansão, o coelhinho de pelúcia, que era e continua sendo um sucesso.

A loja tinha um pé-direito enorme e paredes ilustradas até o teto com desenhos temáticos que mudavam de acordo com a época do ano e podiam ser vistos do lado de fora. As crianças que chegavam com os pais para conhecer o espaço eram recebidas com pipoca e suco de uva. Uma loja como aquela, no começo dos anos 1980, era algo inovador no Brasil.

O tempo na lojinha da Turma da Mônica me ajudou a dar o pontapé inicial na minha carreira. Na loja, eu vendia de tudo e era tratada como qualquer outra funcionária, sem privilégios, atendendo a pedidos e ouvindo reclamações dos clientes. Uma queixa constante era sobre os preços, principalmente porque os nossos produtos eram vendidos também em grandes redes de lojas, que conseguiam praticar valores muito mais competitivos. Se as pessoas podiam pagar mais barato pelo mesmo produto em outro lugar, por que iriam escolher comprar na lojinha? A experiência na lojinha acabou contribuindo para o trabalho que eu realizaria mais tarde, com o licenciamento de produtos.

Como eu usava uniforme, pouca gente me reconhecia, diferentemente do meu pai e dos personagens, que eram sempre motivo de comoção para quem estivesse na loja. No entanto, quando eu ficava ao lado dele, as pessoas rapidamente faziam a associação e começavam a fazer fila para me cumprimentar também, ou tirar foto e pedir autógrafo. As manifestações eram um misto de carinho e curiosidade: afinal, de alguma forma, eu tinha inspirado a criação da protagonista da Turma.

Nesse período, a Mariangela e a Magali também trabalhavam na lojinha. Era a volta feliz das irmãs cajazeiras.

Os primeiros anos na loja foram ótimos. Depois do expediente, podíamos ir ao cinema, bater um papo por ali e passear na avenida Paulista. Consegui me formar na faculdade de desenho industrial e já ganhava o meu próprio dinheiro. E, aos 20 anos, isso me deu uma enorme sensação de independência, de que eu poderia decidir quando e como gastar o dinheiro que tinha ganhado com o meu trabalho. Eu passaria a ser dona das minhas vontades, pois tinha o meu próprio salário.

É claro que não seria tão simples assim. Quando me formei, fui pedida em casamento. Mas a relação com o trabalho tinha transformado todas as minhas perspectivas. Eu já estava apaixonada pelo comercial, conhecia os fabricantes, conversava com os clientes, pensava nas melhores estratégias de venda. Fui a melhor vendedora, depois assistente de vendas e, só após um período, fui trabalhar na administração da empresa. Quando vi aquilo tudo acontecendo diante dos meus olhos, falei: "É isso o que eu quero para a minha vida."

MEU CASAMENTO

Saraiva e eu decidimos nos casar, na virada para a década de 1980. Fazia quatro anos que estávamos namorando, tínhamos enfrentado altos e baixos, broncas e apoio do meu pai. Como eu era menor de 21 anos, precisava da autorização dos responsáveis legais para me casar. A minha mãe era contra, porque achava que uma mulher na minha idade não tinha maturidade para tomar uma decisão como aquela. No entanto, ela sabia que minha decisão já estava tomada, e eu era jovem e apaixonada. Além do mais, ela também havia se casado jovem e escondido da mãe.

Eu estava cem por cento decidida, e iria me casar com ou sem a autorização deles. O meu pai autorizou imediatamente, pois, além de gostar do meu então namorado, sabia que ninguém iria me segurar. Minha mãe me deu mais trabalho, mas também acabou cedendo, no fim das contas.

Não sobraram muitas memórias nem muitas fotos do dia da cerimônia. No momento de assinar os papéis, lembro-me de deixar a caneta cair e precisar me abaixar para pegá-la. Além disso, um combinado que fizemos acabou dando errado: eu pedi que, na hora do beijo, meu noivo me beijasse na testa; no entanto, entendi que ele não havia aceitado e, na hora H, levantei o rosto para que me beijasse na boca. Aquele desencontro justamente no ápice da cerimônia fez com que todos caíssem na gargalhada em plena igreja. Essas lembranças ficaram comigo e no vídeo gravado no dia.

ENTRANDO NA IGREJA, ACOMPANHADA DO MEU PAI.

Como o álbum de casamento era muito caro, eu não quis pedir ao meu pai que arcasse com mais aquela despesa. Ele já havia sido bastante generoso me presenteando com o vestido e com a nossa lua de mel. Um amigo nosso chegou a tirar as fotos, mas elas nunca foram para um álbum.

SOU MÃE

Até que demorou um pouco, mas chegou o dia em que, pela primeira vez, me senti insegura de verdade. Eu já era uma jovem adulta, prestes a completar 22 anos. O que causou este sentimento novo na minha vida? Descobri que estava grávida.

Ao longo da gravidez, toda aquela ideia misteriosa de ter um ser crescendo dentro da minha barriga me dava uma enorme sensação de descontrole, pois eu não tinha a menor noção do que estava se passando dentro de mim. No início dos anos 1980, não tínhamos tanta informação como agora, e não era tão fácil fazer exames de ultrassom. Além disso, pensando no bebê, eu tinha parado de fumar, então ficava muito ansiosa e sentia fome o tempo todo. Ficava me perguntando o que estaria acontecendo com o meu corpo. Porém, ao mesmo tempo, é bem verdade, alguma ignorância pode nos ajudar a ficar menos aflitas. Se, por um lado, o fato de eu não saber me deixava insegura, talvez, se tivesse mais informações sobre a gravidez, poderia ter ficado ainda mais nervosa.

No fim das contas, aqueles nove meses foram bons. Eu comia bastante, sem muita pressão quanto ao peso que ia ganhando. Acabei engordando mais de treze quilos. Durante a gravidez, eu tinha alguns desejos bem particulares, como comer couve-flor com presunto e queijo. Também comia muito pão com maionese e azeitona. Passado um tempo, porém, não podia nem imaginar esses alimentos que já sentia enjoo. Eu tinha uma rotina bastante intensa no trabalho, então não conseguia seguir a dieta ao pé da letra e sempre levava bronca do médico.

Quando eu e o Saraiva começamos a pensar em nomes para o bebê, apenas um me vinha à cabeça: Carolina. No entanto, a dinastia do M não era exclusividade apenas da minha família; também os irmãos Saraiva eram Marcos, Márcia e Marta. Seria uma batalha inglória tentar discutir com ele e com o meu pai.

Mas nada tirava da minha cabeça a sonoridade de dar à luz uma "Carolina de Mônica". Seria mesmo muito divertido! Quem é mais jovem talvez não entenda a referência daquela época, quando a princesa Caroline de Mônaco ficou muito famosa por ser considerada uma das mulheres mais belas do mundo. Ainda que diante de uma excelente justificativa, tudo o que consegui foi garantir que, se fosse menina, eu escolheria o nome... iniciado pela letra M.

Nessa época, o Saraiva trabalhava na Mauricio de Sousa Produções; no início, ele se dedicava à área comercial, mas depois foi trabalhar no primeiro setor de desenho animado e foi o responsável por conseguir o financiamento para o primeiro longa-metragem da MSP, *As aventuras da Turma da Mônica*.

Quando engravidei, saí da lojinha e fui trabalhar administrando a marcenaria que fazia as mesas do departamento de animação. Como naquele tempo era proibida a importação no Brasil, não havia outra opção senão nós mesmos confeccionarmos as mesas de animação. E assim eu e o Saraiva começamos a trabalhar no mesmo departamento da MSP, ainda que com atribuições diferentes.

Enquanto eu garantia que tudo estivesse preparado para realizar a nossa primeira animação, que estrearia em breve nos cinemas, também dava conta das demandas da gravidez. Montei o enxoval do meu primeiro bebê de forma bem neutra. O berço que escolhi era uma casinha, e uma amiga ainda me perguntou: "E se for menino?" Respondi sem hesitar: "Por acaso menino não mora em casa?"

Minha filha nasceu no dia 30 de dezembro de 1982, uma semana após a estreia da animação. Nesse dia, eu tinha ido ao médico pela manhã, acompanhada do Saraiva. Saímos de lá com a informação de que ainda poderíamos esperar. Eu queria muito ter um parto normal, havia até feito um curso para isso. Mas não via a hora de o meu bebê nascer.

Pedi ao meu então marido que me deixasse na casa da minha mãe, para que eu não ficasse sozinha, e logo depois do almoço a minha bolsa rompeu. Então, com a roupa toda molhada, mas bem tranquila, chamei minha mãe e a Magali, contei o que tinha acontecido e pedi que me dessem outra roupa.

Eu reagi com toda a calma do mundo, já minha mãe e a Magali ficaram histéricas. Pareciam baratas tontas, correndo de um lado para o outro, trazendo roupas que não cabiam em uma mulher grávida. A minha mãe ficou tão emocionada que começou a chorar. Quando vi aquela confusão, tive uma crise de riso e, para piorar as coisas — ou talvez para aliviar o clima tenso —, fiz xixi na calça.

Sem uma roupa seca que coubesse em mim, saí de casa com o vestido que estava usando. Parecíamos a Família Buscapé indo para o hospital, e eu quase não cabia no carro. Até a vizinha participou da caravana.

Ao chegar ao hospital, pedi que avisassem ao Saraiva, que, naquela hora, estava comemorando com seus colegas o final do ano de trabalho em algum bar perto da empresa.

NA MATERNIDADE SÃO LUIZ, ACOMPANHADA DA MAGALI, COM A MINHA ROUPA MOLHADA, PRESTES A DAR À LUZ CAROL.

Mesmo eu tendo chegado ali por volta das 13h30, minha filha só foi nascer às 22 horas. Segundo o médico, não dava mais para esperar. Fui para a sala de parto acompanhada do pai do meu bebê.

Somente quando entrei, eu me dei conta de que estava em um centro cirúrgico. Ali, fui tomada pelo pânico. Eles já tinham me dado a peridural, mas tentei negociar com o meu obstetra para ir embora, como se isso fosse possível. Eu não tinha a menor ideia do que estava falando, ficava repetindo que queria ir embora, jurando que voltaria no dia seguinte. Em meio à confusão, o Saraiva, que no início estava quase desmaiando por estar em uma sala de parto, teve de pedir para o médico me dar alguma coisa para me acalmar. Depois disso, desliguei um pouco e só voltei a ter plena consciência quando vi a minha bebê.

Quando Maria Carolina nasceu, todas as inseguranças que eu senti ao longo da gravidez foram embora. Logo, apareceriam milhares de outras, mas, naquele momento, foi paixão à primeira vista. Eu tinha certeza de que havia ganhado o melhor presente do mundo. Como a maioria dos bebês, ela já nasceu chorando; no entanto, a primeira memória que tenho da minha filha fora da barriga é justamente o momento em que comecei a falar com ela. Como se entendesse o que se passava, ela olhou para mim, franziu a testa e parou de chorar. Ali nasceu a Mônica mãe e meu amor infinito. Fiquei completamente apaixonada. Não via a hora de ficar grudadinha nela, e queria que aquele momento mágico durasse para sempre. Aquele foi, sem dúvida, um dos momentos mais felizes da minha vida.

A chegada da Carol evidenciou um lado meu que eu sabia que existia, mas que não sobressaía muito. Virei uma mãe bastante possessiva; tudo o que eu queria era que a bebê fosse somente minha. Se pudesse, nem visita recebia. Até mesmo o Saraiva era preterido nesse esquema: muitas vezes, eu preferia que ele sumisse por um tempo para que eu pudesse decidir sozinha o que fazer com a Carol. Queria que fosse apenas eu a dar banho, brincar e acompanhar sua entrada no mundo. Felizmente, o Saraiva foi bem compreensivo e entendeu que eu estava passando por um momento novo. Afinal, com a Carol, nascíamos também eu, como mãe; e ele, como pai.

O meu desejo de exclusividade e controle era tanto que, mesmo tendo a possibilidade de dispor da ajuda de outras pessoas, eu fazia questão de lavar todos os pertences da minha filha. Higienizava as mamadeiras, lavava e passava as roupinhas. Quando a Carol nasceu, ainda usávamos fralda de pano. Já existia fralda descartável, mas era tão cara que a Carol só usava na hora de dormir e quando eu a levava ao pediatra.

Minha filha tinha dificuldade para mamar e, com isso, eu vivia exausta e o meu leite empedrava demais. Quando ela estava com cerca de 3 meses, tive de fazer uma cirurgia na mama, inclusive porque o médico descobriu que eu tinha um cisto. Foi difícil lidar com o medo naquela hora, além do fato de que o médico não teve muito cuidado ao me dar aquela notícia. Felizmente, apesar da dor, no final, não foi nada de mais grave.

Com o tempo, acabei aceitando que, se eu tinha o desejo e a intenção de voltar a trabalhar algum dia, precisaria contratar alguém para me ajudar. Em determinados dias, eu sofria muito só de pensar em deixar a Carol em casa, principalmente se ela estivesse doente. Mesmo passando por situações tensas e enfrentando medos, era maravilhoso ter uma filha. E também tive a sorte de encontrar uma babá que garantiu que eu sentisse paz para poder prosseguir na carreira que havia escolhido. Porque, sim, eu queria ser mãe, mas esse não era o meu único desejo.

A MULHER NO MERCADO DE TRABALHO

Depois de passar por alguns setores da MSP, comecei a trabalhar no departamento comercial, como gerente de produtos. Foi a primeira vez que me deparei com o desafio de trabalhar num espaço onde ser mulher era um obstáculo. Só havia homens na área comercial da empresa naquela época, o que fazia com que eu me sentisse estranha naquele ambiente. Alguns achavam ainda que eu estava ali para roubar o lugar deles, ou para vigiar o que faziam. O meu objetivo era mostrar que eu estava ali para trabalhar e fechar novos contratos. Eu era bem jovem e, ainda por cima, filha do dono, precisava ter uma postura firme e impor respeito. Por isso, fazia questão de não recorrer ao meu pai para fazer reclamações.

Para mim, estava evidente que muitas pessoas não gostaram quando cheguei àquele setor, mas eu precisava encarar a situação, então tomei uma importante decisão, que adotei pelos meses seguintes e, acredito, pela maior parte da minha vida profissional: eu não iria esmorecer, enfrentaria o preconceito. Durante um bom tempo, não foi nada fácil manter essa postura, mas foi necessário para que as coisas mudassem e eu conquistasse o respeito e a confiança dos meus colegas de empresa.

O meu chefe da época — hoje uma pessoa muito querida por mim e que virou um dos meus melhores amigos — não permitia que eu avaliasse um contrato sozinha ou fizesse uma reunião sem ter a companhia de alguém mais experiente. E eu tinha ido para aquela vaga justamente para pensar em novos produtos e firmar novos contratos. Se não tinha autonomia para ao menos avaliar os contratos, como poderia fazer o meu trabalho direito? Meu chefe era tão transparente que eu conseguia ver na sua cara: ele não me suportava.

Durante mais de um ano, o clubinho dos garotos me deixou para trás de todas as formas. Diziam que me dariam um contrato interessante para tocar e, quando eu olhava, era uma proposta péssima. Os gerentes me passavam os contratos mais simples ou os que não iam bem.

Como eu não tinha nenhuma autonomia para negociar novos contratos, precisava estar sempre acompanhada de outro gerente, mesmo que, em tese, tivéssemos cargos com o mesmo poder. Nessa época, engoli alguns sapos no trabalho, como acontece com todo mundo. Depois de um tempo, passei a compreender a importância de receber orientação de alguém mais experiente até ser capaz de caminhar sozinha.

Certa vez, um deles me passou um contrato de colchas de uma empresa superconceituada no mercado, mas que estava prestes a encerrar, e o produto não era tão relevante para a companhia em questão. Mesmo assim, fui visitar o concessionário e me apresentar. Quando cheguei à empresa, fiquei impressionada com o escritório, um dos mais modernos que já tinha visto. Para a minha sorte, era uma mulher a responsável pelo assunto. Ficamos muito próximas, ela também era mãe, então constantemente dividíamos as nossas experiências uma com a outra. Também trocávamos muito profissionalmente, conversando sobre produtos e lançamentos. Eu a admirava tanto que quis colocar a minha filha na mesma escola na qual a dela estudava, mesmo sendo bem longe da minha casa.

Discriminação contra mulheres no mercado é algo muito frequente, até quando se trata da filha do dono, tão cheia de personalidade. Isso me inspirou, décadas depois, a levar adiante projetos relacionados a esse tema. Se aprendi algo naquele momento foi que não podia deixar que homens que não acreditavam na competência das mulheres me impedissem de realizar o meu trabalho.

ESTRATÉGIAS DE MERCADO

Eu tive, sim, minha capacidade questionada e sofri certo boicote, mas, com isso, também veio algo maravilhoso: precisei desenvolver habilidades para elaborar e ler contratos dos produtos licenciados da Turma da Mônica.

Lá no passado, os gerentes do comercial não me levavam a sério. Foi assim até o meu primeiro contrato. E não é que ele veio? O primeiro contrato que fechei pela empresa foi com a marca de calçados Alpargatas. Foi suado, mas valeu a pena. Mesmo com todos os obstáculos, eu conhecia a história do meu pai, sabia como tinha sido seu início de carreira. Além disso, sabia muito bem o que os consumidores achavam dos nossos produtos — os que eram mais populares e os que não eram —, graças aos anos de lojinha. Assim, consegui um contato com o gerente de tênis dessa empresa enorme.

A minha estratégia para estabelecer contratos que fossem bons para ambos os lados sempre foi a mesma: conhecer bem o produto, saber tudo sobre ele, além de persistir, ser educada e simpática com todas as pessoas envolvidas no negócio. Eu sabia que a Alpargatas fazia os tênis do Snoopy e acreditava que a Turma da Mônica poderia ocupar esse lugar.

Fui abrindo as portas para essa parceria, conhecendo as pessoas certas na Alpargatas e entendendo as sutilezas dessa negociação para desenhar melhor o cenário. Procurei profissionais que pudessem ser decisivos no processo e fui tentando entender quem poderia me apresentar às pessoas que de fato tomavam decisões sobre os produtos das empresas. Passei a frequentar a Alpargatas e a conversar com todo mundo lá. Nesses momentos, ser a Mônica me ajudava muito e facilitava a minha entrada nos lugares. Afinal, mesmo lidando com profissionais experientes, muitos tinham curiosidade sobre mim, e a maioria tinha filhos. Levava o autógrafo do meu pai para alguns e os convidava para visitar a Mauricio de Sousa Produções. Essa proximidade sempre foi algo bastante positivo e ajudou a fazer com que alguns contratos avançassem.

Naquela época, a Alpargatas já contava com 70 anos de história e era uma marca relevante e cheia de coragem para conquistar novos mercados (hoje é uma empresa global centenária e dona, inclusive, da marca Havaianas). Eu era teimosa e estava determinada a não desistir frente aos obstáculos que foram surgindo quando fizemos a proposta.

A persistência é uma das minhas características que mais ajudam na hora de negociar. Jogo com as peças que tenho, mas de maneira muito firme, procurando mostrar, com paciência e aos poucos, quem somos e por que é vantajoso para a empresa em questão fechar um negócio conosco. Nesse contrato, tenho certeza de que contou também a nosso favor o fato de que, do outro lado, negociando pela Alpargatas, estava uma mulher; isso evitou que eu sofresse, também pelo lado do cliente, questionamentos quanto a minha competência. A gerente da empresa de calçados nos deu oportunidade de falar, de negociar, de garantir que o processo durasse o tempo que fosse necessário.

Depois de alguns meses, negociações concluídas, contrato assinado: estava lançado o "conguinha Turma da Mônica". Nos anos 1980, o conga era um tênis muito usado pelas crianças, inclusive para ir à escola. Criamos um *storytelling* — que na época nem tinha esse nome — para aquele produto.

Pouca gente repara nisso, mas, até hoje, nem a Mônica, nem a Magali, nem o Cascão usam sapato. O único que continua calçado é o Cebolinha. Na campanha, a personagem perguntava ao Mauricio por que o Cebolinha tinha sapatos e ela, não.

O contrato com a Alpargatas foi um enorme sucesso, e eu acabei ganhando mais responsabilidade, o que me ajudou a ser mais respeitada no trabalho. Os conguinhas venderam muito, e eu havia fechado um dos primeiros contratos da minha vida. E que contrato! Estava orgulhosa e, finalmente, podia olhar para os meus colegas de departamento de igual para igual. Passei a me sentir mais forte e quis entender tudo de contrato e de faturamento. Depois disso foi mais fácil dialogar com os diversos segmentos do mercado.

Mas a história dos produtos licenciados, ou seja, dos produtos que têm personagens associados a eles por meio de contrato — área pela qual sou a responsável já faz alguns anos —, não começou com a Alpargatas. Talvez a mais conhecida entre as histórias dos produtos seja a do "Elefante mais amado do Brasil", o Jotalhão, que estampou as latas de molho de tomate Cica. Um dos mais longevos contratos do licenciamento brasileiro teve início com um quadrinho no jornal. O meu pai fez uma piada falando do já conhecido molho de tomate Elefante, que tinha esse nome, mas ainda não contava com a imagem do Jotalhão. No quadrinho, a Mônica arrastava um elefante de verdade pela tromba e o Cebolinha falava: "Acho que sua mãe pediu foi massa de tomate!"

Logo depois que a tirinha foi publicada, em 17 de fevereiro de 1968, na *Folha de S.Paulo*, o meu pai foi abordado por um publicitário muito importante que teve a ideia de colocar a imagem de seu elefante, o Jotalhão, em latas de molho de tomate. Além disso, ele propôs criar vários filmes publicitários para a televisão. E quem seria a protagonista dos filmes? A Mônica, claro. Foram nossos primeiros comerciais de televisão estrelados pela Turma da Mônica. Neles, a personagem levava o Jotalhão para passear no supermercado ou lhe dava uma frigideirada na cabeça para impor limites ao elefante mais amado do Brasil, a paixão das donas de casa.

Eu ainda era criança nessa época, mas todo mundo que me conhecia comentava o assunto comigo. Isso me enchia a paciência, pois era só eu chegar a um lugar e vinha logo alguém perguntar: Mônica, cadê o elefante? Mal sabia que, anos depois, caberia a mim a tarefa de renegociar justamente esse contrato.

De início, no setor comercial, eu cuidava de todos os produtos. Foi assim que acabei assinando o excelente contrato com a Alpargatas. Depois de um tempo, porém, com o crescimento da empresa, entendemos que era mais estratégico que cada setor tivesse um gerente específico.

O SEGUNDO FILHO

A vida é tão cheia de surpresas que, quando a Carol tinha um pouco mais de 2 anos, eu engravidei de novo. Foi um susto, mas, ao mesmo tempo, fiquei feliz em saber que uma segunda gravidez não seria vivida com tantos medos. Como fui mãe bem cedo, não experimentei essa pressão que muitas mulheres sofrem para ter filhos, mas senti medo e ansiedade desde a primeira gravidez, pois tinha receio de fazer algo errado. O fato de eu ter sido uma mãe leoa com a Carol acabou ajudando muito quando tive o meu segundo filho. Com ele, eu já fui uma mãe bem mais tranquila.

Talvez isso tenha se dado porque a minha vida, naquela época, já era bastante voltada para o trabalho. Eu sabia que, dessa vez, teria uma experiência de maternidade diferente, só não tinha noção de que o amor seria o mesmo que senti quando a minha filha nasceu. Com tudo isso em mente, decidi que não me ausentaria por muito tempo das minhas funções no escritório.

Eu trabalhava bastante quando estava grávida. Como eu ganhava comissão e já tinha fechado ótimos contratos, não queria me afastar do trabalho.

Fui para o escritório até o fim da gestação. Meu filho se adiantou e nasceu dez dias antes do previsto, em plena Quarta-Feira de Cinzas. Era madrugada quando comecei a sentir contrações. Fiquei bem quieta, pois queria ter parto normal, então não fui para o hospital no começo das contrações. Esperei a babá da minha filha chegar na manhã seguinte e, mesmo que o Saraiva estivesse fazendo de tudo para que a bagunça familiar no hospital fosse menor no parto do nosso segundo filho, obviamente avisei

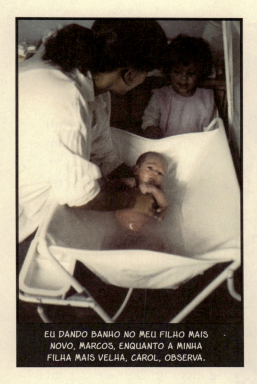

EU DANDO BANHO NO MEU FILHO MAIS NOVO, MARCOS, ENQUANTO A MINHA FILHA MAIS VELHA, CAROL, OBSERVA.

à minha mãe que ele estava para nascer.

Chegando ao hospital, soube que o obstetra incumbido de fazer o meu parto estava viajando, afinal era Carnaval. Eu dei um ataque e disse que o meu filho só nasceria quando ele chegasse. Finalmente, conseguiram falar com o obstetra, que, por telefone, tentou me acalmar.

Tinha outro detalhe: eu fazia questão de que o parto fosse normal. Quando o médico descartou essa possibilidade, fiquei ainda mais nervosa. Novamente, optaram por me dar um remédio para me acalmar, mas, quando o meu segundo bebê nasceu, eu estava completamente acordada. Quase não tive dores a princípio, mas enfrentei os desafios da recuperação de uma cesariana.

Por fim, tinha o meu filho nos braços. Estava feliz por ter dado à luz um casal, mas não sabia como seria a reação da Carol, que sempre dizia que queria uma irmãzinha e que, se viesse um menino, eu poderia devolvê-lo. Apesar de na época já ser possível saber o sexo da criança antes do nascimento, eu nunca quis descobrir o dos meus. Por sorte, no dia de conhecer o irmão, ela foi toda feliz para a maternidade e, mesmo sabendo que era menino, não se importou. Nada fácil, porém, foi quando a enfermeira o tomou dos meus braços para o levar de volta ao berçário: a irmã protetora e furiosa lhe deu uma mordida no traseiro.

Com os dois em casa, eu precisava proteger o Marcos das mordidas da Carol. Assim, quando ele dormia, e se eu não

COM MINHA FILHA CAROL, POR VOLTA DOS SEUS 3 ANOS.

estivesse por perto, trancava o quarto do bebê. Mas fui injusta com ela — ao menos naquele momento. Um dia a surpreendi admirando o irmão com toda a ternura do mundo, com ar protetor, sem representar nenhuma ameaça. E a Carol, de fato, não mordeu o Marcos até o dia em que entendeu que ele não era mais bebê. Aí foi um salve-se quem puder.

Carol parou de bater nos colegas da escola assim que encontrou alguém que a enfrentou. Desde o dia em que apanhou de um amiguinho, parou de ser agressiva, a não ser com o irmão. As brigas dos dois seguiram assim até que ele começou a revidar. Tentava não me intrometer muito, mas era difícil.

Há alguns anos, conheci uma pessoa que me ensinou que devemos nos meter o mínimo possível nas brigas das crianças, de tal forma que elas aprendam a lidar com a consequência de sua agressão, assim como fazem os pets. Entre os bichinhos, quando um morde mais forte e a brincadeira vira briga, em geral, o que levou a pior passa a não querer mais brincar, então o que mordeu entende que, se ele agir assim novamente, não vai ter mais companhia. Achei essa explicação interessante e comecei a prestar atenção nas primeiras histórias que o meu pai escrevia: a personagem Mônica, quando era mais agressiva, era punida pela vida; a Magali, sua melhor amiga, não queria mais brincar com ela, e os outros meninos se afastavam. Assim ela entendia que precisava repensar suas atitudes.

Acho que a escola da vida nos ensina que, para socializarmos, temos de fazer concessões e respirar fundo antes de tomarmos alguma coisa de alguém ou falarmos algo que pode machucar uma pessoa.

MÃE E EMPRESÁRIA

Depois de dar à luz o meu filho, tudo se multiplicou: a alegria e o trabalho que passei a ter com os dois. O meu ritmo na empresa já estava

AO LONGO DA MINHA CARREIRA, PEDI DEMISSÃO ALGUMAS VEZES, MAS O MEU PAI SEMPRE RECUSOU. CERTA VEZ, EU ME DEMITI E FIQUEI FORA POR UNS DIAS. QUANDO VOLTEI, O MEU PAI FEZ ESSE QUADRINHO.

veloz e, quando Marcos completou 2 meses, achei que era melhor para todos eu voltar a trabalhar e cuidar dos meus contratos. Aos 25 anos, a minha carreira ia de vento em popa: eu já era gerente, estava fechando vários contratos importantes, como a parceria com a Alpargatas, mas não apenas essa. Com dois filhos em casa, eu me sentia bastante dividida, porque, se por um lado eu era muito competitiva, queria fazer a diferença no trabalho e estava feliz com o retorno daquela Mônica segura ao mundo dos negócios, por outro, eu me sentia sempre em dívida com o meu filho, que acabou tendo muito menos horas comigo em seus primeiros meses que a Carol. O Marcos tinha alguns problemas de alergia, então eu precisava levá-lo ao médico com frequência. Quando ele não tinha condições de ir à escola, algo que aconteceu algumas vezes, eu o levava para o trabalho. Mesmo fazendo tudo por ele, aquela culpa que eu sentia não passava. Até a alergia dele eu tentava explicar me culpando. Questionava se alguns probleminhas de saúde do meu filho não tinham a ver com o fato de eu ter tido dúvidas sobre ter um segundo filho.

Naquele momento, eu não só trabalhava em um ritmo intenso como tinha de enfrentar um longo trajeto até a MSP. A culpa materna era tanta, que, nos primeiros meses, mesmo enfrentando uma hora de trânsito, eu voltava no meio do dia para dar banho no bebê.

Nunca fui o tipo de mãe que fazia bolo. Também não era uma mãe que conseguia ter tempo para deixar a fruta pronta para o consumo, cortadinha na geladeira. Mães que não se encaixam nesse perfil, como era o meu caso, sempre se perguntam se essas atitudes, em algum momento, serão entendidas como desamor. Na verdade, acredito que uma coisa não tenha relação com a outra. Existem muitas formas de sermos mãe e mulher, mas, em geral, a sociedade reforça a ideia de que a mãe tem de ser uma criatura completamente dedicada e abnegada. Para mim, o único motivo que uma pessoa tem para se sentir culpada é se ela nunca teve coragem na vida de ser honesta consigo mesma. Eu não era o tipo de mãe que buscava os filhos nas festas às três da manhã, mas dei aos dois muito afeto. O que os meus filhos não podiam exigir de mim era que eu fosse alguém diferente e que eu repetisse comportamentos só porque alguém dizia que era o certo a se fazer.

A cobrança pela qual as mulheres passam, sobretudo as que têm filhos, beira o insuportável. A maturidade me mostrou que é preciso viver esses processos com mais leveza. Ser perfeccionista — não apenas como mãe, mas também como profissional — pode nos levar à loucura. Quando percebo que as altas expectativas estão me conduzindo a um provável surto, ou seja, que estou me cobrando de tal forma que aquilo vai deixar a minha saúde e o meu emocional abalados, na mesma hora paro tudo e recalculo a rota. A experiência com a maternidade foi o que me permitiu ter essa maturidade.

Agora, quase quarenta anos depois, percebo que muitas de nós, mulheres, continuamos enfrentando os mesmos questionamentos ao tentar conciliar as demandas domésticas com as demandas do trabalho remunerado, que também exigem um esforço enorme de nós. Li recentemente uma frase que fez muito sentido para mim: "O mundo quer que sejamos mães por tempo integral, como se não trabalhássemos; enquanto nossos empregos demandam que sejamos funcionárias exemplares, como se não fôssemos mães." Atualmente, com os pais participando mais do cuidado dos filhos e da casa, essa pressão pode até ter diminuído para algumas mulheres, mas noto que ainda é um tema frequente em várias discussões.

SUCESSO NO RAMO ALIMENTÍCIO

Com a segmentação dos departamentos, acabei deixando a conta da Alpargatas e passei a me concentrar no setor alimentício, que aprendi a conhecer muito bem e a admirar, acompanhando as inúmeras mudanças que ocorreram nessas quatro décadas, dos anos 1980 até hoje. Foi fundamental estarmos atentos às exigências e preferências do mercado, aprimorando a nossa consciência sobre o assunto. São muitas as histórias do setor alimentício, mas vale começar pela primeira de todas: a do contrato com a Cica.

Desde o fim dos anos 1960, a Cica trazia o elefante Jotalhão nos seus produtos, mas a Turma também estampava outros itens, como as geleias e a goiabada. Era o nosso contrato mais antigo com uma empresa, com quem tínhamos uma relação quase pessoal, porque o meu pai conhecia os donos fazia algum tempo. A Cica era bem-vista no Brasil inteiro, uma empresa com excelente reputação.

RECORTE DE UM ANÚNCIO DA CICA. A TURMINHA SEMPRE CONTRACENAVA COM O JOTALHÃO, APESAR DE ISSO NÃO ACONTECER NAS REVISTAS DOS ANOS 1970.

Entretanto, apesar da ótima relação, discordávamos em um ponto: nosso contrato tinha uma cláusula de exclusividade em todo o ramo alimentício, embora eles produzissem pouca variedade de produtos. Pelo nosso contrato, as ilustrações da Mauricio de Sousa não podiam estampar outras marcas alimentícias, mesmo sendo com outros personagens. Não nego que esse contrato tenha sido a pedra fundamental da Mauricio de Sousa Produções, mas, se ficássemos presos somente a ele por mais tempo, não teríamos chance nenhuma de crescer.

Acabei tomando uma decisão bem drástica, que ninguém mais ali teria tido coragem de levar adiante: era hora de rever o contrato com a Cica ou cancelar o licenciamento. Não foi nada fácil. Nessa negociação, tentei ser bem cautelosa, pois, mesmo tendo visões diferentes naquele momento, a Cica tinha nos projetado para o mercado de licenciamento de produtos. A decisão foi de manter o Jotalhão. Aliás, apesar de a marca do extrato de tomate ter sido vendida para outras empresas ao longo da história, o Jotalhão sempre teve seu valor reconhecido e foi mantido na embalagem do produto. Ele segue Elefante, com o desenho do Jotalhão estampado.

A partir desse momento, foram muitas as conversas que tivemos, mas a verdade é que o mercado demonstrava bastante interesse nos produtos licenciados da Turma da Mônica. Eu não via a hora de ir ao supermercado e esbarrar com centenas de produtos alimentícios que tivessem em suas embalagens os rostos da Mônica, da Magali, do Cebolinha e do Cascão.

A minha estratégia sempre foi procurar, de preferência, a maior empresa do setor, isto é, a que mais vendia aquele determinado produto no país. Uma coisa que eu adorava fazer era ir às empresas e conhecer um pouco mais sobre as histórias dos produtos que eles comercializavam. Trabalhando com licenciamento, aprendi que todo produto sempre tem uma história interessante de mercado. Também aprendi que, com os nossos personagens, quando estampamos uma marca, estamos levando valores importantes para nós: o valor da leitura, da amizade, do respeito à diferença. A Turma da Mônica é hoje conhecida por 93% dos brasileiros, que têm com a marca uma relação de proximidade e admiração enormes.

ÉTICA DA MARCA

Vez ou outra ocorrem algumas polêmicas sobre alimentos licenciados. Isso é algo no qual estamos de olho o tempo todo e criamos, inclusive, uma espécie de manual de ética para garantir que estejamos sempre no caminho que consideramos ser o ideal. O documento tem o simpático nome de "Manual de boas práticas do Limoeiro". Por ele, quem licencia produtos com a MSP fica sabendo o que pode — ou não — fazer de uso da marca.

Entendemos o tamanho da nossa responsabilidade e por isso seguimos critérios rígidos para licenciar os nossos produtos, mas também defendo que a decisão final sobre o que é melhor para os filhos cabe às mães e aos pais. E é preciso dizer que, infelizmente, há um forte julgamento social que recai sobre as mães.

Em um país como o Brasil, nem todas as famílias conseguem proporcionar a alimentação mais equilibrada do mundo aos seus filhos; muitas mulheres, sempre sobrecarregadas e exaustas, só têm tempo de colocar uma comida no forno e servir as crianças. Eu vivenciei isso como filha, quando a minha mãe cuidava de três crianças pequenas em casa enquanto o nosso pai trabalhava o dia todo para nos sustentar.

Eu mesma, como mãe, fui muito rigorosa quanto à alimentação dos meus filhos e acabei até exagerando, estipulando inúmeras restrições. Por muito tempo, a minha filha não comeu açúcar nem sal. Então foi só ela ir morar sozinha que exagerou em tudo. O meu filho não tinha permissão de mascar chiclete; resultado: ele fazia uma espécie de contrabando na escola, trocando coisas dele pelos desejados chicletes. Hoje, com mais idade, percebo que, na maioria das vezes, proibir não é a melhor opção.

Pensando na qualidade da alimentação das crianças, passando pelo fato de a sociedade estar mais consciente, começamos a negociar contratos com produtores de frutas, verduras e legumes há alguns anos. E essa parceria tem rendido muitos frutos.

UM CASE DE SUCESSO

Uma das minhas histórias favoritas dessas décadas trabalhando com licenciamento de produtos é a da maçã da Turma da Mônica. No Brasil, assim como em vários outros países, muitas crianças preferem comer doces a frutas. Como empresa da Turma da Mônica, estávamos dispostos a ajudar a transformar essa realidade, incentivando as crianças a experimentar um alimento para o qual, muitas vezes, fazem cara feia.

Há alguns anos, fomos convidados por produtores de maçã da região Sul do Brasil a conhecer suas fazendas. O objetivo deles era descobrir formas de aumentar a venda das maçãs colhidas na região. Em uma de nossas inúmeras conversas, surgiu a ideia de fazermos aquele pacotinho de um quilo com a maçã da Turma da Mônica. A fazenda produtora era incrível, muito moderna. Eles tinham inclusive um sistema, que parecia um foguete, para impedir que chuvas de granizo danificassem a plantação.

E lá se vão uns vinte anos. A maçã, até então considerada *commodity*, ganhou uma marca que agregou valor ao produto e virou sinônimo de qualidade. Hoje o consumidor sabe que, adquirindo a maçã da Turma da Mônica, leva para casa uma fruta gostosa, crocante e do tamanho da fome da criança, evitando desperdício. As características da maçã são mérito dos produtores, e o que a Turma da Mônica faz é tornar o produto reconhecível. O sucesso foi tamanho que, no início, houve meses em que a demanda pela maçã da Mônica aumentou de tal forma que os produtores tiveram de importar a maçãzinha para dar conta de atender o mercado. Por mais otimistas que fôssemos — e também acreditávamos muito nesse produto —, não esperávamos tal volume de vendas. Atualmente, a maçã da Turma da Mônica é líder no mercado. E hoje existem estufas especiais que garantem a colheita de frutas o ano inteiro.

Essa parceria bem-sucedida abriu as portas para que licenciássemos uma série de produtos *in natura*. Fomos atrás de outras frutas e também de legumes e verduras. A manga, o abacate, a banana, a alface do Horácio (que nos quadrinhos só come essa verdura) e outras hortaliças fazem muito sucesso.

Um dos meus sonhos era conseguir fazer o mesmo com a laranja-lima, uma fruta que me remetia a tempos muito felizes, quando a minha filha primogênita nasceu. No início dos anos 1980, o suco de laranja-lima era o primeiro líquido que introduzíamos na alimentação do bebê — após os meses de leite materno e água. Demoramos muito para encontrar um parceiro interessado em vender a laranja-lima, pois queríamos um fornecedor que pudesse garantir um produto de qualidade. Hoje temos um parceiro, e o produto é um sucesso.

Em uma rápida ida ao supermercado, dá para ver que são muitos os produtos da Turma licenciados no setor alimentício. Esse é um setor que reúne alguns dos mais tradicionais produtos com a Turma da Mônica.

NEM TUDO SÃO MAÇÃS

A cada ano que passava, ganhávamos mais relevância no mercado, fechando mais e mais contratos e aumentando nosso faturamento. Já estávamos em uma nova sede, no bairro da Lapa, em São Paulo, bem mais perto da minha casa e com mais gerentes para atender os diversos segmentos. Minha área cresceu, e eu precisava de uma assistente. Aliás, tive três excelentes assistentes ao longo da minha carreira — todas se destacaram e viraram ótimas profissionais, que admiro muito.

Em meados dos anos 1980, meu pai fechou o contrato do primeiro parque, um indoor, que foi bem importante para nós, um sucesso desde o início. Logo em seguida, fechamos a parceria com uma emissora de TV. Era um contrato enorme, e a MSP faria centenas de desenhos animados, além de novos parques em outras cidades. Por conta disso, a empresa cresceu, ampliamos bastante o departamento de desenho animado. Contudo, para nossa surpresa, nem os desenhos animados nem os novos parques saíram do papel, e ficamos com um prejuízo enorme. Por fim, fomos obrigados a dispensar grande parte dos funcionários que tínhamos contratado. Foi um momento bem triste da minha carreira. Além disso, precisei renegociar a dívida da empresa com um credor que nos colocou na justiça. Na época, ele conseguiu que a justiça retivesse 60% de nosso faturamento, e por pouco não quebramos.

A TURMINHA É GRANDE

Nosso grande desafio para tentar atender a todas as empresas que nos procuram é ir além dos cinco protagonistas da Turma (Mônica, Magali, Milena, Cebolinha e Cascão), porque, como dá para imaginar, a maioria das pessoas quer que a Mônica seja a estrela do seu produto. Assim, tentamos criar narrativas e histórias interessantes que façam com que os itens licenciados dialoguem com os personagens. A melancia sem caroço, por exemplo, traz em sua embalagem a imagem da Magali. Já o mel tem no rótulo a ilustração do Chico Bento.

Para tentar alinhar as expectativas do que nós e os clientes queríamos e expandir os licenciamentos de forma estruturada, entendemos que precisávamos investir nas "famílias" de outros personagens.

Temos, atualmente, mais de quatrocentos personagens na Mauricio de Sousa Produções. O que chamamos de família pode ser entendido como o elenco de uma mesma história em quadrinhos. Por exemplo, muita gente associa o Chico Bento à Turma da Mônica, mas ele pertence a outra família, com outros personagens, cujas histórias acontecem em outros cenários. Assim, temos muitas famílias com potencial de licenciamento na MSP: a do Astronauta, a do Horácio, a do Penadinho, a do Piteco, entre outras. Com essa variedade, fica mais fácil adequar os produtos a eles.

Esse grande volume de famílias também nos permite incorporar personagens que foram surgindo ao longo de todos esses anos para atender às inúmeras demandas de diversidade por parte dos leitores. Isso incentivou a MSP a criar personagens que entendemos que deveriam estar presentes nas histórias, como a Dorinha, uma personagem cega, a Tati, uma menina com síndrome de Down, e o André, um menino com autismo.

Se pensarmos nos quadrinhos, que são também um produto da Mauricio de Sousa Produções, essa separação já se encontra bem estabelecida: existe uma revistinha para cada uma das famílias, mesmo que elas tenham periodicidades diferentes, ou que as histórias estejam inseridas em uma revista que traz vários personagens.

Um dos meus maiores desejos quando se trata de licenciamento de produtos é trabalhar para que, um dia, eu chegue ao supermercado e veja toda uma gôndola só de artigos da Turma da Mônica na seção de hortifrúti. Sem falar no sonho de fechar contratos internacionais, o que ainda é um desafio; nossos personagens são mais conhecidos no Brasil, mas a fama da Turminha segue conquistando o mundo.

DIVERSIFICANDO OS PRODUTOS

Os nossos contratos com o setor de brinquedos também são bem antigos e fazem parte da pré-história da MSP.

O primeiro bonecão da Mônica, feito de plástico duro, foi produzido no final dos anos 1960 pela Trol, uma marca bastante conhecida de brinquedos. Esse modelo era tão icônico que, quando a Mônica fez 50 anos, em 2013, lançamos uma versão comemorativa, menorzinha.

EDIÇÃO COMEMORATIVA DE 50 ANOS DA MÔNICA, EM UMA RELEITURA DA PRIMEIRA BONECA, FEITA PELA TROL.

Outros brinquedos que licenciamos e fizeram muito sucesso foram a estrelinha mágica e o Jotalhão com rodinhas, que podia ser puxado como um carrinho de brinquedo. Também foram inúmeros, ao longo do tempo, os quebra-cabeças, jogos de tabuleiro, bolas de futebol — desde a dente de leite até a profissional. E, nesse caso, a listagem que faço aqui é de produtos para os quais temos contrato, pois, se formos pensar em produtos piratas, é possível encontrar de tudo um pouco Brasil afora. Não é raro ver brinquedos ou parquinhos com os personagens da Turma da Mônica estampados.

Uma curiosidade é que, quando eu era criança, adorava os brinquedos da Turma, mas não gostava nada de usar as roupas que tinham as ilustrações feitas pelo meu pai estampadas. A minha mãe brigava conosco, argumentando que, como filhas, deveríamos prestigiar o trabalho dele. Eu detestava aquela propaganda. Hoje em dia, adoro usar todas as peças que licenciamos.

Passados muitos anos, o coelho Sansão continua sendo um sucesso de vendas. Ele é feito de pelúcia, como se fosse uma cópia real do brinquedo da Mônica nos quadrinhos. Eu mesma tenho um enorme no meu sofá, além de outros espalhados pela casa e pelo escritório. (E, mesmo quando os fãs me pedem, não uso nenhum deles para dar coelhadas em ninguém.)

Outro brinquedo que tem sido um sucesso de vendas é a boneca da Milena, uma personagem criada pelo meu pai

VESTIDA DE "MÔNICA", NO TRONO DE COELHOS, SEGURO UMA DAS PRIMEIRAS VERSÕES DO SANSÃO, NA CCXP, EM 2016.

em 2017. Às vezes, a venda da boneca da Milena supera até a da Mônica. Conto melhor a história do nascimento dessa nova personagem mais adiante, mas vale dizer que, apesar de ser bem recente, a linha de licenciamento dos produtos da Milena tem dado resultados bem positivos. No início, quando começamos a prospectar contratos com a imagem dela, éramos nós quem fazíamos a oferta; agora, são as empresas que vêm nos procurar querendo que a personagem estampe suas embalagens e esteja em seus rótulos. A linha de tratamento infantil para cabelos crespos, por exemplo, é uma parceria que vem dando muito certo. Eu mesma me empenhei bastante nessa batalha, pois queria garantir nossos investimentos nos produtos da Milena. E valeu a pena todo o esforço.

Muitos outros personagens também conquistaram o coração das crianças, como o Do Contra, inspirado no meu irmão Maurício Takeda. Criado em 1994, é possível que as gerações mais antigas não o conheçam, mas é um personagem muito querido pelos leitores mais jovens. Inclusive, na Turma da Mônica Jovem, ele ganhou especial destaque no período em que namorou a Mônica — o que dividiu opiniões e rendeu bastante discussão entre as torcidas "Cebônica" e "Docônica", ativas até hoje nas redes.

Agora, quero trabalhar ainda mais com outras personagens, como a Dorinha, que foi inspirada na educadora Dorina Nowill, criadora da Fundação Dorina Nowill para Cegos, e a Tati, inspirada em Tathi Piancastelli, atriz e autora teatral com síndrome de Down. O que fica cada vez mais evidente para mim é a mudança das demandas do mercado, que vem buscando um perfil mais inclusivo. O meu pai sempre foi muito sensível a isso, tanto que fez questão de nos transmitir esta preocupação.

Outro novo grande mercado que abrimos, em boa parte por insistência minha, foi a linha pet. Já comentei que adoro animais, então esse é um tema que está na minha vida desde que eu era criança. De repente, percebemos que tínhamos excelentes personagens pets, como o Bidu, o Monicão, o Floquinho, o Mingau, todos muito queridos pelo público ao longo da história da MSP.

FIM DO CASAMENTO

Em meio a tantas decisões que eu tomava na vida profissional, a vida pessoal também exigia de mim escolhas importantes. Uma delas, muito acertada, foi a de terminar meu casamento. Não tenho nada contra o meu ex-marido, mas demorei muito para decidir me separar e, quando tive a certeza de que era isso mesmo que queria, percebi o quanto a nossa relação estava me fazendo infeliz. Eu me casei muito cedo, tive filhos muito cedo e já trabalhava bastante. Naquela época, era comum casar e ter filhos muito jovem. O que a separação me fez perceber, conforme o sofrimento ia diminuindo, era que eu tinha todas as condições de estar no comando da minha própria vida.

Foi uma decisão bem difícil, sobretudo porque tínhamos filhos e estávamos casados fazia dezesseis anos, mas percebi que o exemplo de relação que nós estávamos passando para os nossos filhos não era mais positivo. Ficou bem evidente que aquela situação não estava boa para ninguém. Conseguimos explicar para a Carol e o Marcos, já adolescentes, que seria melhor que os seus pais estivessem separados. O meu filho sofreu um pouco mais; porém, quando a situação já estava mais tranquila, ele percebeu o quanto eu estava mais calma e menos ranzinza e nervosa tentando administrar aquele peso. Nessa época, comecei a sair muito e a viajar; eu me sentia dona da minha própria vida e do controle remoto.

MÔNICA TOY

Pouco depois da separação, quando eu tinha uns 40 anos, finalmente assumi a diretoria comercial da empresa. É bem verdade que foi necessário algum tempo, mas o dia chegou e, a cada ano, eu sentia que confiava mais em mim e no meu trabalho. Um bom exemplo foi a linha da Turma da Mônica Toy. Ela foi resultado

de um amadurecimento fundamental na minha carreira que aconteceu ao longo de uma década.

Iniciei a minha gestão pleiteando um departamento de design que atendesse ao comercial. Nós dividíamos os nossos trabalhos com todos os departamentos, portanto não éramos prioridade. Mas eu entendia que o certo seria que nosso departamento criativo fosse parecido com o das agências de publicidade, ou seja, as pessoas que eu contratasse deveriam nos trazer ideias e perspectivas inovadoras.

Nossos concessionários estavam nos cobrando isso; alguns deles com bastante cuidado, outros com um desrespeito enorme. É preciso dizer que a parte comercial tem disto: escutamos as críticas mais pesadas; em geral, o tato que se costuma ter com os artistas não se estende a nós. O mais difícil é que precisamos ser ponderados e não podemos levar as reclamações para o lado pessoal.

Então, depois de muita luta, conseguimos um departamento de design que trabalhasse com o comercial e tivesse visão de mercado. A maior parte da equipe vinha de agências de publicidade e sabia cumprir prazos. Já trabalhávamos com *style guide* — um manual de como a nossa marca deve ser aplicada em cada um dos produtos —, mas esse grupo produzia materiais diferentes, acompanhando as estações do ano, assim como nossos concorrentes, e datas comemorativas, como as de 50 e 60 anos da Mônica, desde os logotipos até produtos diferenciados e de coleção. Também é produção deles tudo que vendemos na CCXP, evento *geek* de que participamos desde o início.

Esse departamento de design foi ainda o responsável por decorar toda a minha sala e o departamento comercial, as escadas da empresa etc. (Até hoje são lugares onde os visitantes adoram tirar fotos.)

Conforme íamos fechando, então, mais e mais contratos, o departamento foi aumentando, e tínhamos cada vez mais novidades. E isso se estendeu para a internet, claro. Quando o YouTube explodiu, nós já tínhamos fechado com eles uma parceria envolvendo os desenhos animados antigos, mas precisávamos de algo novo, uma ideia inédita. Decidi então me sentar com o meu pai, os nossos designers e o diretor de animação — uma das pessoas mais criativas que conheço —, e concluímos que precisávamos de um desenho simples, de pouco tempo e que não tivesse fala, porque o YouTube tinha uma capacidade de penetração no mundo todo. Assim nasceu a Mônica Toy, que foi sucesso imediato.

Com a Mônica Toy, entramos em um mercado diferente. Eu queria muito que fizéssemos algo voltado para jovens, que tivéssemos liberdade de criação, então os primeiros contratos que fechamos foram de produtos para adultos, e não infantis. Mas as crianças, principalmente as pequenas, também gostaram, então tivemos de nos adaptar. De novo, assim como na criação da Mônica, o público apontava os caminhos.

A Mônica Toy foi um projeto no qual trabalhei muito, e é uma das minhas ideias recentes que mais me dão orgulho. Escrever quadrinhos — ou produzir filmes — acaba esbarrando na barreira linguística, e isso, de alguma forma, dificultou a expansão internacional dos nossos produtos. Os vídeos da Mônica Toy são feitos para as plataformas digitais apenas com sons, sem diálogos, o que possibilita que eles sejam vistos e compreendidos em qualquer país do mundo.

Na ocasião do lançamento da Mônica Toy, a personagem mais conhecida do Brasil estava prestes a comemorar seus 50 anos. Usamos o selo Mônica 50 na maioria dos nossos produtos — desde as capas dos gibis até as embalagens de produtos alimentícios — e a Panini patrocinou a "Mônica *Parade*", uma intervenção urbana em que 50 esculturas da Mônica foram pintadas por artistas de todo o Brasil e espalhadas pela cidade de São Paulo. A repercussão foi tamanha que uma delas foi até furtada. O episódio acabou virando notícia em vários jornais e chamou ainda mais a atenção do público, com manchetes do tipo: "Mônica é *plesa*." Cheguei a ir à delegacia para identificar a personagem.

MEU TALENTO

Ter mais de quatro mil produtos licenciados significa que preciso estar atenta aos contratos vigentes o tempo todo. Preciso acompanhar o que está vendendo, identificar o que não está funcionando conforme o esperado e propor ajustes, além de verificar se todas as cláusulas do contrato estão sendo cumpridas. Quando um contrato não está indo bem, conversamos com a empresa parceira a fim de tentar identificar onde podem estar os entraves; caso a intervenção não dê resultado, a opção é tentar trocar a empresa.

Os meus anos iniciais e todos os desafios que vivenciei aprendendo a lidar com os contratos de licenciamento me garantiram a expertise de entender exatamente o momento de ser cautelosa e o de arriscar. Mas isso não quer dizer que eu não tenha errado muitas vezes. Em alguns casos, por exemplo, vejo a necessidade de corrigir o rumo da negociação.

Uma das coisas que mais respeito é o sigilo; enquanto o contrato não está totalmente fechado, ou seja, com todas as exigências que ambas as partes acham necessárias colocadas no papel, mantemos tudo em segredo.

Ter uma boa história para contar, uma vez que estou certa de que estamos com uma boa marca parceira, faz com que o licenciamento fique muito interessante para a empresa que está produzindo ou vendendo determinado produto.

NOVAS LIÇÕES

Fico muito orgulhosa quando fecho um ótimo contrato, quando as negociações promissoras colocam novos produtos no mercado ou quando a venda de produtos que já existiam dispara.

Entretanto, esse orgulho é algo que vai e volta, como acontece com muitas pessoas. Ser a Mônica e carregar a minha história nas costas não me isenta de, em muitos momentos, me sentir também uma impostora. Quando isso acontece, começo a pensar que sou péssima e incapaz de dar conta de tudo. Tenho essa sensação, por exemplo, quando, em alguma negociação, o fabricante nos trata como se fôssemos uma empresa de fundo de quintal, dando uma justificativa que já conhecemos de cor e salteado. Quando não querem pagar o preço que entendemos como sendo o justo para o uso da nossa marca, muitas empresas brasileiras argumentam o mesmo: "Quem vocês pensam que são?"

De acordo com a perspectiva deles, o fato de sermos uma companhia brasileira deveria significar que os nossos produtos valem menos. Esse pensamento está totalmente equivocado. No começo, eu chegava a ficar ressentida, mas hoje sei que a melhor resposta é apresentar os números de venda dos nossos licenciamentos. As nossas revistas em quadrinhos, por exemplo, sempre fizeram muito mais sucesso que os quadrinhos de qualquer concorrente no Brasil.

Outra estratégia minha para não me deixar enfraquecer diante desses desafios é lembrar que centenas de famílias de funcionários e prestadores de serviço dependem do faturamento da Mauricio de Sousa Produções. Chegamos a ter funcionários com mais de cinquenta anos de casa. Boa parte do nosso faturamento está atrelado ao departamento comercial, pelo qual sou responsável. Dessa forma, não posso deixar que momentos de insegurança, que todo mundo tem, coloquem em risco a estabilidade financeira dos nossos funcionários e de suas famílias. O meu pai nos ensinou isso quando éramos crianças. Quando lhe pedíamos que trabalhasse menos horas, para poder ficar mais tempo brincando conosco, ele sempre explicava que muitas pessoas dependiam do trabalho dele. Isso foi algo que eu nunca esqueci e que levo para a minha vida profissional. Ser parte de uma família empresária nos traz essa responsabilidade. Não posso decepcionar os funcionários, o meu pai, os licenciados, nem o nosso público. Claro que às vezes é preciso tomar decisões difíceis, como as demissões. Isso faz parte do dia a dia de toda a empresa, mas é algo que tentamos evitar.

Foram muitos os aprendizados ao longo do tempo. Olhando para trás, consigo ver que todos os nãos que ouvi no começo da minha carreira profissional foram úteis. Os obstáculos colocados no meu caminho por aquele departamento formado exclusivamente por homens ajudaram a construir a minha fortaleza. Aprendi a escutar "não" muitas vezes e a lidar com isso. Foi fundamental, em um contexto adverso, nunca desistir de batalhar pelo "sim". Essa sempre foi a minha escolha.

Até hoje, fico frustrada, quando algo dá errado em uma negociação. Nessas horas, porém, eu me lembro de algo que o meu pai sempre dizia quando eu era criança: "Filha, quando você estiver muito brava e quiser externar sua raiva para o mundo, converse antes com o seu travesseiro." A sugestão que ele me fazia era que, antes de estourar, eu respirasse um pouco, pensasse melhor e só respondesse quando já tivesse refletido bastante sobre o assunto. Levou um bom tempo, mas hoje já consigo perceber que, na maioria das vezes, não vale a pena recorrer ao comportamento ríspido. A melhor solução é lidar com as negativas e com os problemas de forma mais leve. De uns tempos para cá, tenho adotado essa prática no trabalho como diretora-executiva.

Outro ensinamento que tive foi: não importa a idade, a gente segue aprendendo todos os dias. Alguns dos meus maiores aprendizados vieram com meus filhos. Em 1995, quando eles já eram quase adolescentes, redigi uma carta para os dois. Agora, escrevendo este livro, encontrei o texto entre as minhas lembranças guardadas e achei que seria um bom momento para compartilhá-lo com o mundo. Quem sabe outros "pobres pais" se identifiquem com esta mensagem também.

Aos filhos Maria Carolina e Marcos,

Pobres pais, às vezes, nos comportamos como filhos, exigimos que os nossos rebentos sejam mais do que são ou melhores do que fomos.

Pobres pais, desde que o bebê nasce, olhamos para ele e começa a discussão para ver com quem ele se parece. "Parece comigo", diz o pobre pai. "Não, não", fica nervosa a pobre mãe, "ele se parece com a minha família." E assim começam a nascer as expectativas dos pais. Eles não percebem que deram à luz uma pessoa que terá a própria personalidade, as próprias características.

Pobres pais acreditam que seus filhos são diferentes das outras crianças: mais inteligentes, mais bonitos. Sempre criamos uma expectativa em relação aos filhos. Somos esquisitos, nós, **pobres pais**; nossa memória vai embora quando nossos filhos nascem e, com isso, nos esquecemos das expectativas que nossos **pobres pais** tinham sobre nós e de que, na maioria das vezes, não as cumprimos ou, quando cumprimos, de alguma maneira, não nos sentíamos felizes, porque passaríamos a vida inteira nos questionando se fizemos o que fizemos pelos nossos pais ou por nós mesmos.

Pobres filhos que já nascem com um destino traçado, talvez para ser presidente, talvez atriz, talvez malandro, talvez banqueiro, ou estão destinados a ganhar uma medalha por ter sido a vida inteira um operário padrão, trabalhando na mesma fábrica que seu pai trabalhou e onde se aposentou, ganhando dois salários mínimos.

Honesto como o pai, bonito como a mãe, inteligente como a avó, malandro como o tio, ambicioso como o avô, **pobre filho**, não sobrou nada para ele ser.

Quando nossos filhos nascem, uma luminosidade vem de encontro aos nossos olhos e nos cega por completo; não enxergamos defeitos em nossos filhos, acreditamos que essa criança que chegou ao mundo é especial, mas não temos a capacidade de entender que o especial é que demos à luz um ser único no nosso universo, e isso, sim, é o maior milagre da vida.

*Prezados filhos, não levem a mal as cobranças desses **pobres pais**, essa luz que nos cega se chama amor, e vocês, provavelmente, a conhecerão quando tiverem o prazer de ter seus **pobres filhos**, que terão os olhos do pai, a boca da mãe, o gênio do avô e o joelho da avó.*

O que desejamos aos nossos filhos é que eles sejam felizes, e nossa expectativa é tão grande para que isso aconteça que confundimos: o que foi bom para nós talvez não seja o melhor para nossos filhos.

*Há regras na nossa sociedade para que nossas crianças vivam em harmonia com o futuro, então precisamos prepará-las para um futuro competitivo. Aprender inglês, informática, tocar um instrumento musical, ou sei lá mais o quê. Nós, **pobres pais**, não estamos preparados para nos deparar com a possibilidade de que um filho não atenda às nossas expectativas e vimos, ao longo do tempo ou com nossos próprios pais, que os filhos que se rebelam contra esse sistema são menosprezados pela sociedade e principalmente pela família. Talvez, por covardia, não aceitamos as diferenças de opiniões ou de capacidade de nossos filhos para não frustrar a sociedade.*

Benditos sejam os pais que têm filhos com deficiência e não se escondem da sociedade.

Benditos sejam os pais que têm filhos na penitenciária e não os julgam.

Benditos sejam os pais que têm filhos viciados e não os tratam como sem-vergonhas.

Benditos sejam os pais que abraçam seus filhos quando eles vão mal na escola ou se frustram no relacionamento com os amigos.

E, finalmente, benditos sejam os pais que respeitam os filhos como indivíduos e não como réplicas de uma sociedade decadente.

Ass.: Pobre mãe Mônica
29 / 11 / 95

Você se lembra da última cena da mãe da Mônica, a Dona Luísa, no filme *Lições*? Pois foi mais ou menos isto que aprendi: podem passar quantos anos forem, a gente nunca para de crescer... e de aprender.

O LUTO

Uma grande tristeza na minha vida foi perder a minha mãe, em 2011, depois de ela ter passado oito anos muito doente. O quadro se agravou para enfisema pulmonar, e nós precisamos recorrer à cadeira de rodas e ao oxigênio. Por fim, seus últimos três anos foram de entradas e saídas da UTI. A perda dela foi uma das maiores dores que já senti. Ainda assim, acredito que nada tenha me deixado mais abalada que a morte do meu irmão, Mauricio Spada, cinco anos depois, em 2016, em decorrência de um infarto fulminante.

Como já contei, o Mauricio, nosso temporão, teve uma série de dificuldades. Tinha déficit de atenção e graves problemas em um dos olhos, então poucas pessoas tinham paciência com

PROFESSOR SPADA E DOUTOR SPAM, QUE SÃO COMO DR. JEKYLL E MR. HYDE, INSPIRADOS NO MEU IRMÃO MAURICIO SPADA, QUE FOI PROFESSOR DE INFORMÁTICA.

ele. Mas nós, as irmãs, víamos o tanto de amor que ele tinha para compartilhar. Ele acabou seguindo a carreira de professor; era um gênio da informática e inspirou o meu pai a criar o personagem Professor Spada.

Passei dois anos de luto quando ele morreu. Fiquei muito revoltada com a vida; só melhorei quando fui para um centro de meditação e consegui aceitar melhor aquela tristeza. Ainda hoje sinto muita falta dele.

MAIS UM DESAFIO

Quando já era avó, aos 56 anos, e tendo um longo caminho de vida percorrido, decidi fazer uma avaliação psicológica a pedido do meu médico. Foi nesse momento que descobri que tenho TDAH. As pessoas não entendem muito sobre isso, confesso que também aprendo todos os dias sobre o TDAH, assim como sinto que é difícil para os outros conviver com quem apresenta essas características. Por causa do TDAH, não consigo ficar quieta por muito tempo e várias vezes me levanto e saio andando quando as pessoas ainda estão falando comigo. Isso acaba irritando os outros, pois eles veem minha atitude como falta de respeito ou descaso.

Com o tempo, fui entendendo que precisava explicar que não era bem assim: eu as ouço, mas não consigo ficar parada. Dessa forma, se elas demoram para falar o que querem ou tentam explicar uma história que eu já conheço, viajo nos meus pensamentos e vou para outro lugar. Quando estou conversando com pessoas com quem tenho mais intimidade e que me conhecem bem e sabem do que estou falando, às vezes tenho a impressão de que não cabe mais nenhum pensamento na minha cabeça; isso se trata de um cansaço mental difícil de explicar. Fico constantemente exausta porque a minha mente não para. Quando volto para casa, no fim do dia, preciso jogar paciência ou fazer alguma atividade no tablet para parar de pensar no trabalho.

Nessas horas, tendo a ficar sozinha. Mais que isso: preciso ficar sozinha, pois sinto uma exaustão enorme do convívio social. É muito triste porque, ao mesmo tempo que amo estar com as pessoas das quais gosto, preciso de alguns momentos de intervalo dessas relações.

Para lidar com o TDAH, preciso me organizar: planejo, escrevo o que tenho de resolver e coloco na agenda ou no gravador. Entretanto, mesmo planejando, se no meio do caminho vejo alguma coisa diferente que me intriga ou me diverte, esqueço tudo à minha volta; não vejo nem ouço mais nada. Quando me dou conta, estou atrasada em tudo e entro em crise, sabendo que estou enrolada mesmo tendo me planejado com antecedência.

Sou muito correta nos meus compromissos e odeio me atrasar, então acabo fazendo tudo às pressas e até me machuco por não conseguir prestar atenção em nada que está no meu caminho; é comum eu esbarrar nos móveis ao redor e ficar cheia de hematomas na pele, das pancadas que nem sei como consegui. Algo parecido também ocorre quando estou dirigindo. Acabo me distraindo e entro até em outra estrada em vez de tomar o caminho certo para o meu destino. Quando isso acontece, de início, fico muito brava comigo mesma; até choro, tamanho o desespero.

Como a minha vida é assim desde que acordo, eu me programo para levantar três horas antes do meu primeiro compromisso. E esse é um dos principais temas da minha terapia. Aos poucos, vou aprendendo a não me cobrar tanto diante de um mundo de cobranças. É difícil para quem está próximo de nós — família, amigos, filhos — compreender certos comportamentos do TDAH, e sinto que por vezes os decepciono. Como somos muito diferentes das pessoas que não têm TDAH, as críticas são pesadas e, como nos atemos mais às críticas que aos elogios, vamos nos afastando de algumas pessoas e nos sentimos mais tranquilas quando estamos sozinhas.

Muito do comportamento da personagem Mônica, inspirada na minha infância, tem similaridade com características de quem tem TDAH: não lidar bem com as frustrações, fechar a cara, se irritar com facilidade. Por outro lado, quando gosto de alguma coisa, sou capaz de ficar horas fazendo aquilo, bem concentrada. Um outro detalhe é que nunca gostei de ser analisada, e até hoje fujo disso.

A pessoa com TDAH também tem, em algumas ocasiões, dificuldade de interpretação. Não entendo muitas indiretas e peço, inclusive, que as pessoas ao meu redor falem de maneira mais clara comigo, que expressem que comportamento meu as incomodou; assim, tenho a oportunidade de me desculpar ou explicar o porquê de eu ter agido de uma determinada forma.

Ainda que eu tenha recebido o diagnóstico tardiamente, o TDAH sempre foi um desafio na minha vida. E, apesar das dificuldades, fico feliz por ter conseguido me tornar executiva, mãe, avó e tudo mais que sou.

DONAS DA RUA

De todos os projetos e licenciamentos que fiz em mais de quarenta anos de trabalho na Mauricio de Sousa Produções, nenhum deles foi mais importante para mim que o Donas da Rua, projeto de empoderamento de meninas e mulheres.

Tudo começou quando fui convidada para participar de uma palestra da ONU Mulheres, uma das agências das Nações Unidas, que aconteceu aqui mesmo no Brasil. Naquele dia, ouvi algo que me deixou perplexa e preocupada. Uma pesquisa revelou que, ao serem apresentadas a uma história, as meninas identificam os protagonistas como sendo do mesmo gênero delas. Isso até os 6 anos, exatamente a idade da Mônica e da maior parte das meninas da Turma. A partir dessa idade, as garotas passam a considerar que os protagonistas são homens. Isso porque as posições de poder no mundo ainda são dominadas principalmente por eles. Fiquei estarrecida com aquelas informações e comecei a pensar em como poderíamos ajudar a transformar essa realidade.

Logo depois desse encontro, me veio à mente que a Turma da Mônica era um celeiro de personagens empoderadas, que poderiam ser importantes aliadas nessa batalha pelo fortalecimento da autoestima das meninas. Desde a criação da Mônica, nossa primeira menina nos quadrinhos, todas as personagens que surgiram na Turma tinham uma personalidade forte e plena consciência do seu papel no mundo. Não falo isso apenas quando menciono as próprias Mônica e Magali, mas também a Dorinha, a Rosinha, a Marina, a Milena e a Cascuda.

Com isso em mente, sugerimos que começássemos a fazer uma espécie de releitura das personagens dos nossos quadrinhos, tendo como referência grandes mulheres da história do Brasil e do mundo. Nossa sugestão foi aceita rapidamente, e começamos a trabalhar em parceria com a ONU Mulheres, que havia me alertado para a urgência do tema.

O projeto teve início em 2016, e o objetivo era mostrar às meninas que elas tinham os mesmos direitos e o mesmo potencial que os meninos. Com as ilustrações, que vinham acompanhadas das histórias de vida dessas heroínas, a nossa intenção foi estimular as famílias a conversarem sobre a importância de fortalecer a autoestima das meninas, para que elas soubessem que podiam fazer o que quisessem da vida.

As nossas personagens passaram a se "vestir" como figuras históricas. A Mônica já interpretou Malala Yousafzai, ativista pela educação das meninas, e a escritora Clarice Lispector; a Magali apareceu como a precursora da programação de computadores,

Ada Lovelace; e a Milena homenageou a primeira astronauta negra, Mae Jemison, e a cientista brasileira Jaqueline Goes. Retratamos as heroínas da vida real, com histórias inspiradoras. Aos poucos, a família do Donas da Rua foi crescendo, e hoje já conta com mais de cem ilustrações de personagens da Turma da Mônica caracterizadas como grandes mulheres da história da humanidade homenageadas pelo projeto.

Outro dado a que tivemos acesso é que as meninas abandonam os esportes ao chegar à puberdade numa taxa muito mais alta que os meninos, por várias razões: mudanças no corpo, medo de violência e até falta de banheiro nas escolas. Com isso, elas deixam de ter experiências importantes, como aprender a trabalhar em equipe, a lidar com derrotas e vitórias etc. — habilidades positivas para o desenvolvimento de mulheres no mundo corporativo do futuro. Em todos os cantos do Brasil, vemos os meninos encontrarem espaço para jogar futebol, o que não acontece com as meninas. Pensando nisso, foi criado o Soccer Camp Donas da Rua, que incentiva as garotas a jogarem futebol, oferecendo um ambiente seguro com professoras mulheres.

O Donas da Rua, não apenas por seu tamanho e sua relevância, acabou ganhando o meu coração e se tornando um dos meus maiores interesses. Comecei a fazer palestras em escolas públicas, a participar de eventos e a conversar com meninas e jovens mulheres, compartilhando com elas um pouco da minha experiência, história pessoal e trajetória profissional. Cheguei a ir à ONU, em Nova York, para alguns eventos que tratavam de empoderamento feminino.

Em uma das ocasiões em que estive com a mexicana Nadine Gasman, a então representante do escritório da ONU Mulheres no Brasil, ela brincou, referindo-se à importância da personagem Mônica para o público brasileiro e à sua fama: "A Mônica é uma *popstar*."

O meu objetivo nessas conversas sempre foi enfatizar a importância de as mulheres reconhecerem seu valor, sua coragem,

O SOCCER CAMP DONAS DA RUA É UM PROJETO QUE OFERECE AULAS DE FUTEBOL PARA MENINAS, MINISTRADAS POR PROFESSORAS MULHERES.

e de amarem e respeitarem a si próprias. Essa forma de estar no mundo tem muito a ver com o próprio perfil da Mônica, que é uma personagem que já nasceu, desde o primeiro quadrinho, muito forte, bastante determinada e sabendo abrir portas. A Mônica das tirinhas não quer ser a mais bonita nem a mais interessante do Bairro do Limoeiro; ela quer, em todos os momentos e de forma irrevogável, ser ela mesma. A personagem é enfática ao exigir ser respeitada pelo que é, pelo que gosta de fazer. Ou seja, se quiser brincar de boneca, ela vai brincar; e vai ser assim também se quiser jogar bola. O espaço que ela ocupa lhe é sagrado, não dá margem a críticas nem tem limites. Quando a Mônica foi criada pelo meu pai, ela era mais nova que o Cebolinha. É por isso que ela bate para se defender: é a maneira que ela conhece de se afirmar. A Mônica não recorre aos pais para defendê-la, ela resolve as coisas ao seu modo.

A Mônica personagem surgiu em uma época em que as mulheres estavam passando por um momento de transição, conquistando cada vez mais espaço no mercado de trabalho. O número de mulheres matriculadas nas universidades cresceu, e muitas delas foram morar na cidade. Também foi durante os anos 1960, em boa parte com o advento da pílula anticoncepcional e com o aumento dos níveis de escolaridade, que as mulheres passaram a ter mais controle sobre o número de filhos que queriam ter. Se em 1960 o índice de filhos era seis por mulher, hoje está abaixo de dois. A autonomia e a liberdade femininas passaram a ser assunto de debates em todo o país. A Mônica personagem acompanhou toda essa transformação.

Por mais que as coisas tenham avançado, ainda existem muitas dificuldades para as mulheres. Ainda não há uma real equidade, principalmente em relação à maternidade. A responsabilidade pelos cuidados com as crianças ainda recai muito mais sobre elas.

A lição que sempre estamos tentando passar para as meninas é que o mais importante não é ser o que os outros esperam delas, mas serem o que elas são. Assim, por meio desse projeto, defendemos que as garotas são heroínas natas, como a Mônica. Nosso papel é ajudá-las a encontrar a própria voz.

Entre todas as iniciativas que tivemos no projeto Donas da Rua, uma delas foi muito especial para mim. Quando era criança, eu tinha o sonho — que nunca realizei — de me tornar comissária de bordo. Naquela época, as comissárias eram chamadas de aeromoças. Eu via aquelas mulheres nas revistas e desejava a liberdade e a independência que elas demonstravam ter. Tudo o que eu queria era pegar a minha malinha e viajar pelo mundo, ganhando dinheiro e conhecendo diversos países — sem falar nos uniformes e nos sapatos de salto que elas usavam. No entanto, se eu tivesse conhecido mulheres que pilotassem aeronaves, eu poderia ter sonhado também em seguir a carreira de pilota. E é isso que falta: termos referências femininas em todas

NO AVIÃO COMEMORATIVO DOS 60 ANOS DA PERSONAGEM MÔNICA.

as profissões. Já adulta, voei de helicóptero e tive vontade de fazer o curso para pilotar. Não levei adiante, mas me permiti sonhar.

Foi uma emoção enorme acompanhar, em 2017, uma ação chamada Donas do Ar, que fizemos em parceria com a companhia aérea Avianca Brasil, no Dia da Mulher. Aproveitamos para abordar o assunto em vídeos, em alguns voos, para mostrar aos passageiros que homens e mulheres, quase sempre, não têm acesso às mesmas oportunidades. A imagem do Donas da Rua estava estampada em um dos aviões, cuja tripulação era cem por cento feminina — resultado do projeto Donas do Ar, desenvolvido na companhia em parceria com a MSP, para formação de pilotos mulheres. Outro momento emocionante foi receber, em 2018, o diploma Mulher-Cidadã Carlota Pereira de Queirós, dado pela Comissão de Defesa de Direitos da Mulher, no Congresso Nacional.

Nossas iniciativas para promover a igualdade de gênero não se restringiram ao Donas da Rua. O fato de os personagens da Turma da Mônica já terem muitos anos de existência nos colocou também diante da necessidade de estarmos sempre atualizando as narrativas e os comportamentos nas tirinhas.

SOLENIDADE EM QUE RECEBI O DIPLOMA MULHER-CIDADÃ CARLOTA PEREIRA DE QUEIRÓS, NA CÂMARA DOS DEPUTADOS, EM 2018.

FORMATURA DE 16 PILOTAS DA AVIANCA EM 2018, COMO PARTE DO PROJETO DONAS DO AR, QUE AUMENTOU A PARTICIPAÇÃO DE MULHERES ENTRE OS TRIPULANTES TÉCNICOS DE 2% PARA 5%.

A partir de uma oficina que a ONU Mulheres deu para os nossos roteiristas, resolvemos alterar o modo como as personagens mulheres se vestiam. Desde os anos 1960, elas apareciam sempre de avental, dentro e fora da cozinha. As mães da Turma foram criadas naquela década, um período em que a maioria das mulheres era dona de casa. Hoje, nos quadrinhos, os pais usam avental quando estão na cozinha e as mães são mostradas em suas atividades profissionais — a mãe da Mônica, por exemplo, é arquiteta. As nossas revistinhas são lidas no país inteiro, por pessoas de todas as classes sociais, então temos o dever de aproveitar essa oportunidade para sensibilizar nossos leitores e nossas leitoras sobre os vários temas que podem ajudar a construir um país melhor e mais igualitário.

Outra palestra que me ensinou muito aconteceu há alguns anos, quando ouvi algumas mulheres negras contando suas histórias. Na ocasião, elas foram bem explícitas e enfáticas ao dizer que não se sentiam representadas pela Turma da Mônica. Entendemos, então, que era urgente corrigir isso. Foi aí que, com a consultoria de diversos homens e mulheres negros, nasceu a personagem Milena, que hoje é uma das nossas protagonistas, ao lado da sua família — que conta com a irmã mais velha, Sol, o irmão mais novo, Binho, a avó Laurinda, entre outros. A Milena já foi criada com algumas características muito bem pensadas a partir das conversas com esse grupo: ela tem interesse pela ciência, e sua mãe, a Doutora Sílvia, é veterinária e empreendedora, pois é dona de um pet shop. Essa é outra forma de trazer o debate do empoderamento e da autonomia econômica para a narrativa.

Um dos efeitos do projeto Donas da Rua foi especialmente interessante: muitas mulheres começaram a nos escrever contando como a Mônica havia impactado suas vidas em momentos cruciais, quando sentiram que precisavam de uma dose extra de coragem. Cheguei a responder várias delas e comento sempre esse assunto em entrevistas e palestras.

Existe uma autocobrança muito grande por parte das mulheres: muitas vezes, não sabemos impor os nossos limites e acabamos por extrapolá-los até a completa exaustão. Precisamos, em certas ocasiões, saber dizer que é hora de parar. A mulher quer ser sempre a melhor mãe do mundo, a melhor profissional, deseja ser amada, estar em todos os lugares. Tudo isso, porém, é uma grande fonte de estresse. Eu mesma já tive crises por insistir em ultrapassar os meus limites. Atualmente, quando percebo que estou prestes a chegar a esse ponto, dou um passo atrás.

Não é fácil ser a Mônica diretora na Mauricio de Sousa Produções, porque, ainda que eu seja filha do Mauricio e a pessoa que inspirou sua personagem mais famosa dos quadrinhos brasileiros, tenho de provar todos os dias que construí minha carreira pelos meus próprios méritos. É como uma luta contra o mundo para mostrar que a área comercial é fundamental para que esta empresa sobreviva por mais sessenta anos. Nem sempre é simples e, muitas vezes, na verdade, é bem cansativo. Afinal, até a Mônica tem seus dias difíceis. Nessas horas, porém, busco olhar para a minha trajetória e para tudo o que construí. Uma das grandes emoções que vivi na minha carreira foi me ver homenageada pelo Donas da Rua, com direito a um texto escrito pela minha filha, Carol, que reproduzo abaixo:

> *Mônica Sousa é diretora-executiva e inspiração para a personagem mais icônica dos quadrinhos brasileiros: a Mônica. Desde sua criação, em 1963, a personagem tornou-se um símbolo de empoderamento feminino e uma inspiração para muitas meninas e mulheres em todo o país.*
>
> *Como a personagem, Mônica é uma líder natural. Aos 18 anos, ela começou a trabalhar na Lojinha da Mônica e, em pouco tempo, seu tino comercial ficou tão evidente, que ela foi convidada a fazer parte do departamento comercial da Mauricio de Sousa Produções. Hoje, ela é a diretora-executiva da área e parte fundamental na expansão da empresa para novos mercados. Ela foi responsável por negociar contratos de licenciamento com empresas de todo o mundo, levando mais de 4 mil produtos à casa de milhões de pessoas. Afinal, quem nunca comeu a maçã da Turma da Mônica?*
>
> *Desde o começo da sua carreira, ela tem como compromisso defender a diversidade e a inclusão, tanto nas produções da MSP e seus personagens quanto no próprio ambiente de trabalho.*
>
> *"Assim como nós, como pessoas e sociedade, os personagens passaram por uma evolução. Essa foi uma das mudanças significativas. Através de um debate com a equipe, identificamos a necessidade de imprimir que todas as personagens meninas são fortes, que elas amam e respeitam a si próprias. Focamos*

nos bons exemplos, que refletirão positivamente na sociedade", afirma Mônica.

Depois de mais de quatro décadas trabalhando para a Mauricio de Sousa Produções, ela ainda tem fôlego para muito mais. Ela continua criando linhas de produtos, novas mídias, novos formatos, mas sempre com o mesmo sorriso no rosto. A energia da Mônica é tão contagiante quanto o seu profissionalismo. E sua força de argumentação é tão potente quanto a força física da personagem que inspirou.

Em 2016, Mônica Sousa lançou o Projeto Donas da Rua. Com o apoio da ONU Mulheres, o projeto tem como objetivo mostrar às meninas que elas podem ter as mesmas oportunidades e os mesmos direitos que os meninos. E vice-versa. Sua importância é incentivar as famílias a conversarem sobre o tema com as crianças.

"Nós nos orgulhamos de, a partir do Donas da Rua, conseguir encorajar as meninas a se amarem como elas são. Além de valorizarem suas qualidades e habilidades! Temos o papel de demonstrar que todas são fortes, competentes e donas do próprio destino. Temos o papel de mostrar que meninos e meninas podem conviver respeitosamente desde cedo, lembrando que os meninos também sofrem por não poderem expressar seus sentimentos, por exemplo. Para isso, precisamos colocar o tema em discussão e empoderar as nossas meninas, tanto quanto a sociedade faz com os meninos. Dessa forma, alcançaremos um mundo com mais igualdade desde a infância", reforça a executiva.

Ao longo dos anos, Mônica tem se envolvido pessoalmente com o projeto e tem participado ativamente de diversas iniciativas, como palestras em escolas públicas, workshops, encontros e eventos voltados para meninas e jovens mulheres.

Em suas palestras, ela compartilha sua trajetória profissional e sua visão sobre a importância da igualdade de gênero na sociedade atual.

E isso é um reflexo da sua trajetória pessoal. Todo mundo conhece o pai da Mônica, Mauricio de Sousa. Mas a sua mãe, Marilene, tem um papel tão fundamental quanto o dele para a sua história. Ela foi o maior exemplo de mulher empoderada e à frente do seu tempo que Mônica conheceu, e isso faz parte do seu DNA.

"Venho de uma família de matriarcas, mulheres fortes que sempre me inspiraram. Nascida em Jaboticabal, no interior de São Paulo, minha mãe veio para a capital e trabalhou como fotógrafa em plenos anos 1950. Minha avó paterna, Petronilha Araújo de Sousa, era poetisa e foi enfermeira no Hospital Emílio Ribas. Era ela que nos vacinava quando crianças. Minha bisavó Dita cuidou do filho sozinha, construindo uma família sólida", conta Mônica.

E a Mônica vai fazer de tudo para passar isso para a frente, seja pela sua própria filha mulher (no caso eu que estou escrevendo – sua primeira fã) ou milhares de outras mulheres que ela inspira todo dia, como você. Não é à toa que todo mundo adora a Mônica, seja a personagem, a executiva, a mãe ou a avó, sua história está longe de caber num quadrinho só.[*]

Naquele momento, senti que era muito bom ser reconhecida pelo trabalho que nós desenvolvemos e, mais uma vez, tive a certeza de que, com um pouquinho mais de inspiração e algumas ações de empoderamento, as meninas sonhadoras de hoje serão as mulheres incríveis de amanhã.

---

[*] Texto de Carol Saraiva, publicitária, filha de Mônica Sousa e criadora do projeto @ElasnaGringa, que inspira mulheres que querem fazer carreira na área criativa fora do Brasil.

ENCONTROS COM EMPRESAS PARCEIRAS, PARA PROMOVER A INCLUSÃO E A DIVERSIDADE.

NO TOPO: ABERTURA DA EXPOSIÇÃO DONAS DA RUA, NO CONJUNTO NACIONAL; NO CENTRO: MINHA PARTICIPAÇÃO NO EVENTO INSPIRADELAS; EMBAIXO: NO EVENTO SEBRAE DELAS.

UMA HISTÓRIA QUE NÃO TEM FIM

Trabalhando na Mauricio de Sousa Produções, sei que uma história pode ser contada de muitas maneiras, o que importa é que a gente respeite a essência dos personagens. Esta é a minha versão da história da Mônica, tanto da minha própria história como a da história da menininha do vestido vermelho, que já não pertence só a nós, mas ao Brasil. O meu pai, a minha mãe, cada um dos meus irmãos e irmãs e cada um dos milhões de fãs terão a sua versão. Esses foram os meus 63 anos até aqui e os primeiros 60 anos da personagem, dos quais tive a honra de participar. Como o meu pai me disse, quando eu ainda era criança: eu tenho a minha vida e a personagem seguirá a dela. E que vida linda a da personagem mais famosa do Brasil. Hoje a Mônica personagem ocupa vários cargos importantes em função de seu carisma, de seu alcance e de sua importância. Ela é embaixadora do Fundo das Nações Unidas para a Infância, o UNICEF, no Brasil, além de embaixadora do Turismo e da Cultura do nosso país. Em alguns momentos, nossos caminhos se aproximam, em outros, nem tanto. Eu, Mônica Sousa, quero acompanhar o crescimento dos meus netos, estreitar cada vez mais os laços com meus filhos, contribuir cada vez mais para que as meninas e as mulheres ocupem seu espaço, seguir colaborando para que a Mônica permaneça fazendo parte da história de cada um dos brasileiros e de outras crianças e adultos espalhados pelo mundo. Naquela tirinha inicial, em 1963, minha xará abria seu espaço na base da coelhada. Eu, da mesma maneira, precisei dar as minhas para seguir em frente. A Mônica sempre foi forte. E eu também precisei ser. Essa história não termina com aquele tradicional quadrinho de "fim". Ela segue de geração em geração. Muito obrigada, Mônica, por estar comigo, com meus filhos e netos. Sua força é a nossa força. É a força de cada um dos nossos fãs. É a força de você que me lê e lê as historinhas da Mônica. Que venham os próximos sessenta anos!

ACIMA, MEU PAI, O BISAVÔ DA MARIA LAURA, MINHA NETA, E EU. ABAIXO, À ESQUERDA, COM MEU IRMÃO E AFILHADO, MARCELINHO, À DIREITA, EU E O MEU PAI EM UM DUELO DE LÁPIS, ABAIXO, COM MEU PAI E MEUS FILHOS, MARCOS E CAROL.

NO TOPO, À ESQUERDA, NA ILHA DOS PORCOS, NAS BAHAMAS, À DIREITA, COM UM DOS PORCOS QUE CONHECI. NO MEIO, À ESQUERDA, COM MEU PRIMEIRO BULDOGUE, IGOR, À DIREITA, COM MEU OUTRO BULDOGUE, MISTER MAGU. EMBAIXO, À ESQUERDA, COM MEUS GATINHOS PRETINHO E ROSINHA, À DIREITA, COM O MEU CACHORRO FEIJÃO.

ACIMA, À ESQUERDA, EU E A LARISSA PURVINNI NO PROJETO DONAS DA RUA. À DIREITA, QUANDO RECEBI O PRÊMIO WEPS BRASIL, EM 2019. ABAIXO, ESTOU COM A LARISSA NA BIENAL DE SÃO PAULO, EM 2022, PALESTRANDO SOBRE O PROJETO DONAS DA RUA.

EU E MEU NETO MARQUINHOS.

MAGALI, EU, MARIANGELA E NOSSO PAI EM UM EVENTO SOCIAL.

MÔNICA POR OUTROS OLHOS

MAGALI

Eu e a Mônica estivemos sempre juntas, parecíamos gêmeas. Sempre fomos assim. Desde bem pequenas, acordávamos já pensando no que iríamos aprontar. Morávamos em uma casa grande, com muitas árvores, e nos divertíamos juntas, fosse subindo no telhado ou brincando de escritório. Nós nos amamos, mas somos muito diferentes; eu sou do tipo que odeia briga e cara emburrada, já a Mônica só tem foto séria, e vivia batendo boca com todo mundo. Desde pequena, ela era detentora de uma enorme coragem. Já eu...

A Mônica se aproveitava do meu jeito dócil para passar o dia me dando ordens. Eu, até hoje, não me incomodo com isso, porque me divirto demais. Somos as rainhas da transmissão de pensamento, e isso faz com que a gente viva tendo crises de riso em horas, digamos, bem inapropriadas. Por isso, muitas vezes, temos até que nos afastar uma da outra para não passarmos vergonha. É só uma contar uma piada que a outra ri até fazer xixi na calça (literalmente!).

Meu pai é um dos poucos que não acha estranha essa interação repleta de gargalhadas; é uma sintonia nata, não precisamos dizer nada uma para a outra. Para incrementar nossa capacidade de comunicação, já adultas, criamos um código próprio de sinais e passamos a utilizar essa "estratégia" para roubar na brincadeira de mímica, fazendo os sinais sem que ninguém percebesse.

Quando éramos crianças, inventei um apelido para chamarmos uma à outra: Léo. A inspiração veio do programa do apresentador Silvio Santos, que algumas vezes era substituído pelo irmão Léo Santos. Eu gostei tanto da ideia que até dei o nome de "Léo" também ao meu filho. Agora somos três Léos na família.

A Mônica é um presente para mim, tanto que foram poucos os momentos em que ficamos brigadas em todos esses anos. Até na hora de nos casarmos, acabamos escolhendo dois amigos como maridos.

Mais tarde, saí de São Paulo e fui morar em algumas cidades: primeiro em Ribeirão Preto, no interior de São Paulo, e depois em Belo Horizonte, capital de Minas Gerais. Quando eu ainda morava em Ribeirão, sempre recebia a visita da Mônica e dos dois filhos dela. No aniversário de um dos meus filhos (eu tive três), os salgadinhos acabaram e fui até a cozinha para pensar numa maneira de atender os convidados. Enquanto eu, ansiosa e confusa, vasculhava os armários em busca de algo para servir, ia, ao mesmo tempo, devorando um frango assado que estava em cima da mesa. Quando nos demos conta do que eu estava fazendo, a Mônica caiu na gargalhada.

Eu era muito pequena quando meu pai conseguiu captar exatamente a pessoa que me tornaria (assim como aconteceu com a Mônica). No meu diário de bebê, está escrito "a Magali mama até começar a babar"; em outro episódio, naqueles primeiros anos de vida, alguém deixou um prato de macarrão em cima da mesa, e eu comi tudo, sem que ninguém visse, e comecei a passar mal.

Sim, eu como muito até hoje. Sim, eu sou magra. Não, eu não sei cozinhar e, sim, gosto de todas as frutas. Acho que o fato de a Magali dos quadrinhos gostar mais de melancia se deu porque se tratava de uma fruta fácil de comer; uma sobremesa barata e farta. O que eu não sei de onde veio foi a ideia de me vestir com uma roupa daquela cor nas tirinhas: eu detesto amarelo!

Assim como a Mônica, amo animais. Quando pequena, cheguei a ter de uma só vez doze gatos e um cachorro. Anos depois, quando meu filho caçula nasceu, quem ficava trancado no quarto era ele, pois a casa era tomada pelos meus quatro gatos e pelo meu cachorro. Gato sempre foi meu bichinho favorito.

Quando morava em Ribeirão Preto, ganhei um gatinho branco lindo. Por uma grande coincidência, isso aconteceu na mesma época que a Magali personagem ganhou um gato nos quadrinhos. O meu se chamava Pizza. Pedi muito ao meu pai que esse também fosse o nome do gato da Magali, mas não deu certo. Assim como aconteceu com outros animais da Turma da Mônica, foi feito um concurso nacional, e o nome escolhido pelos leitores foi Mingau. Impliquei: ainda prefiro Pizza.

Diferentemente de mim, a Mônica pensa rápido e fala na hora, mesmo que a outra pessoa perca o prumo. Admiro demais esse jeito dela, mas vivo levando uns sacodes. Já eu demoro muito a falar, sou bem devagar. Outro ponto em que somos — ou fomos — diferentes: sempre adorei ser a Magali das tirinhas. Para a Mônica, nem sempre isso foi algo a ser celebrado.

A Mônica é amiga de verdade, não tolera injustiça e não suporta mesquinharia. Essas são as únicas coisas que a tiram do sério e podem deixá-la realmente arrasada. Fora isso, minha irmã sabe lidar muito bem com tudo. Desde que éramos jovens, ela era livre e, o mais importante, cheia de autonomia. Eu era muito mimada pela minha mãe, dormia com ela, era protegida e recebia muita atenção. Enquanto isso, a Mônica tinha que cuidar de si mesma, então tentava fazer tudo certo, para não causar problemas. Quando fica abalada, ela busca ajuda na mesma hora e rapidamente se levanta, sozinha. Esse sempre foi o ponto forte da Mônica, por isso conseguiu se reerguer várias vezes na vida.

Minha irmã é uma das melhores coisas que aconteceram na minha vida. Ela sabe me encorajar quando estou numa situação de insegurança, reforçando que eu fiz o que pude, enaltecendo as minhas qualidades. Ela não só é forte como me fortalece também.

HISTÓRIA "DIFERENÇAS", GIBI DA MÔNICA, N. 94, OUTUBRO DE 2014.

MARIANGELA

A lembrança mais antiga que tenho da Mônica é do tanto que nós brincávamos de casinha, as três, transformando em casinhas todos os lugares em que chegávamos, não importava se, de fato, parecia uma casa ou não, como era o caso do galinheiro nos fundos da propriedade da minha mãe. Transformávamos o sótão da nossa casa no Brooklin em nave espacial também. Minha mãe deixava a gente fazer todo tipo de bagunça e inventar tudo o que era brincadeira em casa e na rua. Se chovia, ia todo mundo tomar banho de chuva.

Sou um pouco mais velha que a Mônica, então aprontei algumas. Uma das minhas maiores artes foi quando cortei o cabelo da minha irmã, o que fez com que ela ficasse com aquelas pontas irregulares. O visual meio sem corte depois acabou passando também para os quadrinhos. Aliás, no mesmo dia, também decidi cortar, sem muito critério, o pelo do cachorro da vizinha. Um outro episódio foi quando a Mônica ainda era bebê e eu a coloquei de bruços no carrinho, achando que ela era meio que minha boneca. Como ela não parava de chorar, fui correndo para a minha mãe e avisei: "Nenê chorando, nenê chorando." Dei um susto na minha mãe. Também já cheguei a convencer a babá a ir passear conosco sem a autorização dos meus pais, o que acabou fazendo com que eles desconfiassem de que as três irmãs tinham sido sequestradas. Foi o maior auê quando voltamos para casa.

A Mônica é muito leal e preserva as amigas que fez na infância até hoje, tem muito respeito por todas. Como nós, as três irmãs, temos somente um ano de diferença de uma para outra, acabamos ficando muito unidas. A Mônica é o tipo de pessoa que surge assim do nada para ajudar, quando eu menos espero e estou precisando: sei que posso contar com ela. A idade foi me ajudando a perceber que algumas das nossas briguinhas da infância foram besteira, e hoje consigo ver o quanto ela me ama e o quanto eu a amo também.

NORMA
Mônica é uma filha maravilhosa que a vida me deu. Quando a conheci, ela era adolescente, tinha entre 12 e 13 anos. Ela sempre me respeitou, e eu a ela. Era uma menina muito inteligente, sempre me tratou com muito carinho. A convivência sempre foi muito boa com ela e as irmãs, de muito respeito também. Claro que tinha todo o trauma da separação dos pais, mas, na época em que fui morar com elas, a Mônica já era grandinha e logo ela e as irmãs entenderam que eu não ia tomar o lugar da mãe; inclusive, eu conversava com a Marilene sobre as meninas. Foi um processo de adaptação. Nesse tempo, Vanda e Valéria tinham acabado de perder a mãe, Vera, num acidente de automóvel. Elas eram bem pequenas, tinham em torno de 1 ano e meio, e eu acabei assumindo esse papel para elas; as duas me chamavam de mãe, queriam ser parecidas comigo. De vez em quando, eu tinha que lidar com certo ciúme, porque as irmãs mais velhas achavam que eu dava mais atenção às pequenas. Eu precisava ser mais rígida com as maiores, porque eram jovens e às vezes aprontavam uma coisa ou outra, mas nada de grave. Eu não era mãe delas; porém, ao mesmo tempo, era minha responsabilidade cuidar delas. Pensava: "O que vou falar para o Mauricio?" Uma vez, elas pediram para transformar uma parte da garagem numa sala de estudos. Conversei com o Mauricio e ele permitiu, mas um vigia do bairro veio conversar comigo: "Dona Norma, acho que entrou ladrão na garagem." Quando fui conferir, era um namoradinho da Mariangela, e logo comuniquei ao Mauricio. Às vezes, elas não voltavam juntas do curso de inglês conforme o combinado, e eu tinha de perguntar onde estava a outra irmã, esse tipo de coisa. Elas eram muito unidas e fáceis de lidar. Tínhamos a nossa rotina; cedinho, eu deixava as cinco na escola: Mariangela, Mônica e Magali no Colégio Notre Dame; Vanda e Valéria na antiga Escolinha da Mônica (uma escola que ficava na avenida Augusta, em São Paulo, e era repleta dos personagens da Turma). Foram quatro anos de convivência

direta com as meninas, e já são mais de cinquenta anos de uma grande amizade. Viajamos juntas, comemoramos aniversários, Natal... Ela me escreveu uma homenagem linda faz pouco tempo, fiquei emocionada. A Mônica tem um caráter parecido com o meu: é determinada, objetiva, pé no chão. Eu a admiro muito.

MARCELO

Sou irmão caçula, afilhado, amigo, "colega" de apartamento e funcionário da Mônica.

Já ela é minha segunda irmã mais velha, madrinha, amiga, "colega" de apartamento, chefa e super-heroína!

Nossa distância é de 37 anos e três casamentos do nosso pai. Porém, mesmo com minha chegada tardia, ela me abraçou e abriu as portas da família Sousa desde sempre. No ventre, eu já era querido e amado por minha superirmã. Deve ser por isso que minha mainha a escolheu para ser minha madrinha. Acertou em cheio!

Com o passar do tempo, minha admiração e meu respeito por essa superirmã apenas cresceu! Pela forma como ela se posiciona, pela maneira que defende com unhas e dentes as pessoas ao seu redor. Por sua humildade, simplicidade e, principalmente, pela fidelidade aos seus valores.

Minha madrinha esteve presente em minha infância. Esteve presente em minha adolescência. Esteve presente em um dos momentos mais difíceis da minha vida. Após 19 dias sequestrado, foi dela um dos primeiros abraços que recebi ao ser resgatado, ainda na delegacia e sem a real compreensão de que aquele pesadelo havia acabado.

Minha amiga também esteve presente em minha formatura do ensino médio e das minhas graduações. Inclusive, em uma delas, convenceu nosso pai de que eu deveria trabalhar na Mauricio de Sousa Produções com ela. E, assim, Mônica abriu mais uma porta em meu caminho.

Não somente da empresa, mas também de seu lar. Eu morava no interior de São Paulo e não tinha onde ficar na capital. Ela me abrigou durante alguns meses, em um período complexo de mudança de cidade, emprego e pós-pandemia. Sempre com ótimos conselhos e ensinamentos.

Confesso que fiz a busca por um apartamento para morar sozinho sem pressa alguma e, quando achei, lembro-me com clareza do dia da mudança. Ela me acompanhou até a porta do elevador, me deu um abraço supercaloroso e disse, com os olhos marejados de lágrimas, que era para eu deixar as pessoas me conhecerem melhor, pois ela havia amado fazê-lo. Entrei no elevador segurando as lágrimas, que acabaram escorrendo quando a porta se fechou, e elas me acompanharam durante todo o trajeto até minha nova morada.

A Mônica nunca fez distinção comigo. Nem com ninguém. E isso, apesar de parecer muito básico, é extremamente raro. Foram vários aprendizados e inúmeras broncas ao longo desses últimos dois anos como seu funcionário, sempre pensando na minha evolução e em aumentar a minha autoconfiança.

Recentemente, decidi me mudar mais uma vez. E nesse intervalo, entre a saída do apartamento anterior e a finalização das obras do novo, ela abriu as portas do seu lar para mim novamente. Hoje, escrevo este texto da casa da Mônica, ou melhor, da casa de seus seis gatos e dois cachorros, meus companheiros no que seriam dois meses e que já se tornaram cinco.

Essa mudança coincidiu com grandes transformações em nossas vidas. Foram transições difíceis, nas quais vi minha superirmã frágil e vulnerável como nunca tinha visto antes. Pela primeira vez, percebi que poderia retribuir um pouco do carinho e afeto que minha super-heroína sempre me deu. E o fiz por meio de conversas, brincadeiras, pizzas e mais pizzas de muçarela.

Conheci minha irmã de uma forma que nem almejava conhecer. Suas fraquezas, dores, histórias que esta biografia conta, histórias que não estão neste livro, histórias de quem fez parte da sua história. Ela não era mais minha superirmã. E, sim, minha irmã. Próxima. De carne e osso. Que gosta quando eu volto para casa com uma pizza na mão sem aviso prévio, e que passa as noites assistindo a novelas turcas com cinco dos seus seis gatos. Um deles eu conquistei.

Da mesma forma que você me abraçou quando eu saí de sua casa pela primeira vez, Mônica, e falou que eu deveria deixar as pessoas me conhecerem melhor, faço de suas palavras as minhas e digo com absoluta certeza: as pessoas amariam conhecer mais dessa mulher incrível que você é! Honesta, humilde, guerreira, valente, profissional e por aí vai! Esta biografia contém apenas uma pequena fração da grandiosidade do coração da minha irmã!

As portas da minha casa e da minha vida sempre estarão abertas para você! E não somente para você, mas para seus filhos, netos, futuros bisnetos, cachorros e gatos!

Com amor e olhos marejados,
Seu irmão caçula, afilhado e amigo, Marcelo.

MARCOS

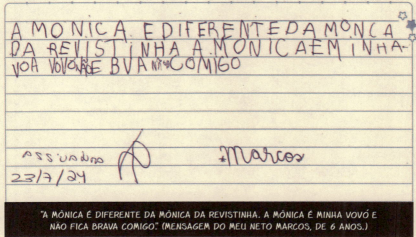

"A MÔNICA É DIFERENTE DA MÔNICA DA REVISTINHA. A MÔNICA É MINHA VOVÓ E NÃO FICA BRAVA COMIGO." (MENSAGEM DO MEU NETO MARCOS, DE 6 ANOS.)

ACIMA, EU E MEU PAI NO ESCRITÓRIO DA RUA DO CURTUME, EM SÃO PAULO.
ABAIXO, EU E MEUS QUERIDOS BULDOGUES.

AO LADO, PASSEIO EM UM PARQUE COM MEUS IRMÃOS MAURICIO SPADA, MAGALI, VANDA E VALÉRIA. ABAIXO, EU E MARIANGELA, EM UM DESFILE INFANTIL, EM MOGI DAS CRUZES - SP.

AGRADECIMENTOS

Começo esta lista já sabendo que não conseguirei citar todos os que me apoiaram neste projeto, pois ele envolve muita gente: familiares, profissionais da MSP, amigos e fãs. Se involuntariamente esqueci alguém, podem me dar umas coelhadas (mas com ternura, pois não foi de propósito). Agradeço especialmente ao Rodrigo Paiva, por ter insistido comigo para aceitar a ideia de fazer minha biografia. Agradeço à Alexandra Paulista, sempre atenta para apoiar todo o processo. À Suzete Rodrigues, por ter me ajudado muito. À equipe do design da área comercial da MSP, que trouxe sugestões valiosas para o projeto gráfico e a capa deste livro. Ao nosso roteirista Flavio Teixeira, pela tirinha final, e aos profissionais do estúdio, que contribuíram para dar vida às histórias da Mônica durante esses mais de 60 anos. À minha equipe de gerentes comerciais, que levam a personagem Mônica a tantos produtos presentes nos lares brasileiros. Agradeço às minhas editoras na Record, Renata Pettengill e Mariana Ferreira, por acreditarem que minha história merece ser contada, à Marina Albuquerque e à Maria Clara Zampil, pela dedicação em todas as etapas editoriais, e à Renata Vidal, pelo projeto gráfico do livro. À Débora Thomé, pelas horas de entrevistas. Agradeço ao José Alberto Lovetro e ao Sidney Gusman, pela leitura atenciosa. À Fernanda Torrecilha, por ajudar a incorporar as últimas observações e comentários. Agradeço à Larissa Purvinni, minha parceira no projeto Donas da Rua, por ter me incentivado e emprestado seu olhar sensível e atento à minha história. Saiba que você pode sempre contar comigo na sua história também.

Não posso deixar de citar os quase 90% de brasileiros que são fãs da Turma da Mônica; sem vocês, essa história não seria possível. Agradeço a Deus. Aos meus pais. Aos meus avós maternos, Jácomo e Maria Spada, que adotaram minha mãe com todo amor e carinho; eles também são a minha família, e por isso fiz questão de conservar o meu sobrenome Spada e passá-lo para os meus filhos. Às minhas avós, à minha mãe, Marilene de Souza, e às minhas irmãs Mariangela e Magali, com quem dividi a infância toda — as primeiras mulheres empoderadas que conheci. Agradeço à Norma Barbutti, que tanto me ensinou e que é minha amiga até hoje. Aos meus demais irmãos e irmãs. Agradeço, com saudade, ao meu irmão Mauricio Spada, cuja passagem curta aqui na Terra encheu minha vida de alegria e doçura. À minha filha Carol Saraiva, que contribuiu com comentários importantes aos primeiros esboços deste livro e durante todo o projeto. Ao meu irmão Marcelo, que me apoiou na reta final. Um obrigada especial ao meu filho Marcos, às mães dos meus netos e aos meus netos, Marquinhos e Maria Laura, que estão me ensinando a ser avó, papel que amo exercer. Às minhas fiéis escudeiras Lica e Iranete, que estão entre as mulheres mais empoderadas que conheço. À equipe da ONU Mulheres, por acreditar que todas as meninas podem ser Donas da Rua, e a todos os que colaboraram para a criação da Milena e de sua família. Ao projeto Winning Women da EY e ao Confem (Conselho Superior Feminino da Fiesp), que me acolhem como mentora e conselheira. E, claro, ao meu pai, que me viu e me aceitou do meu jeito, sem tentar me modificar, e se baseou nas minhas características para criar uma personagem tão emblemática.

Ilustrações e textos de *Mônica: a mulher à frente da personagem* Copyright © 2024, MAURICIO DE SOUSA e MAURICIO DE SOUSA EDITORA LTDA., todos os direitos reservados - www.monica.com.br

Direitos de imagem e biografia: Mônica Spada e Sousa

Texto de autoria de: Débora Thomé
Projeto gráfico e diagramação: Renata Vidal
Foto de quarta capa: acervo pessoal da autora

Todas as imagens do miolo, salvo quando indicado, pertencem ao acervo pessoal da autora e ao acervo da Mauricio de Sousa Produções.

Todos os direitos reservados. Proibida a reprodução, o armazenamento ou a transmissão de partes deste livro, através de quaisquer meios, sem prévia autorização por escrito.

Texto revisado segundo o Acordo Ortográfico da Língua Portuguesa de 1990.

CIP-BRASIL. CATALOGAÇÃO NA PUBLICAÇÃO
SINDICATO NACIONAL DOS EDITORES DE LIVROS, RJ

S697m

    Sousa, Mônica S. e
        Mônica : a mulher à frente da personagem / Mônica S. e Sousa. - 1. ed. - Rio de Janeiro : Record, 2024.

    ISBN 978-65-5587-748-9

    1. Sousa, Mônica S. e 2. Mulheres - Brasil - Biografia. 3. Autobiografia. I. Título.

24-92909   CDD: 920.72
                                         CDU: 929-055.2

Gabriela Faray Ferreira Lopes - Bibliotecária - CRB-7/6643

Direitos exclusivos desta edição reservados pela
EDITORA RECORD LTDA.
Rua Argentina, 171 – Rio de Janeiro,
RJ – 20921-380 – Tel.: (21) 2585-2000

Impresso no Brasil

ISBN 978-65-55-87748-9

Seja um leitor preferencial Record.
Cadastre-se no site www.record.com.br e receba informações sobre nossos lançamentos e nossas promoções.
Atendimento e venda direta ao leitor:
sac@record.com.br

Este livro foi composto nas tipografias BadaBoom BB, Kids Magazine, Otaku e Palatino Linotype, e foi impresso em papel Pólen 70g/m², na gráfica Plena Print.